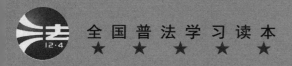

全国普法学习读本

U0493346

最新教育家庭类法律法规读本

社会公益法律法规学习读本

# 助残保障法律法规

叶浦芳　主编

加大全民普法力度，建设社会主义法治文化，树立宪法法律
至上、法律面前人人平等的法治理念。

——中国共产党第十九次全国代表大会《决胜全面建
成小康社会　夺取新时代中国特色社会主义伟大胜利》

汕头大学出版社

**图书在版编目（CIP）数据**

助残保障法律法规／叶浦芳主编．－－汕头：汕头
大学出版社，2023.4（重印）

（社会公益法律法规学习读本）

ISBN 978-7-5658-3333-5

Ⅰ．①助… Ⅱ．①叶… Ⅲ．①残疾人保障法–中国–
学习参考资料 Ⅳ．①D922.74

中国版本图书馆 CIP 数据核字（2018）第 000736 号

---

助残保障法律法规　　　　　　ZHUCAN BAOZHANG FALÜ FAGUI

主　　编：叶浦芳
责任编辑：汪艳蕾
责任技编：黄东生
封面设计：大华文苑
出版发行：汕头大学出版社
　　　　　广东省汕头市大学路 243 号汕头大学校园内　邮政编码：515063
电　　话：0754-82904613
印　　刷：三河市元兴印务有限公司
开　　本：690mm×960mm 1/16
印　　张：18
字　　数：226 千字
版　　次：2018 年 1 月第 1 版
印　　次：2023 年 4 月第 2 次印刷
定　　价：59.60 元（全 2 册）
ISBN 978-7-5658-3333-5

---

版权所有，翻版必究
如发现印装质量问题，请与承印厂联系退换

# 前　言

　　习近平总书记指出："推进全民守法，必须着力增强全民法治观念。要坚持把全民普法和守法作为依法治国的长期基础性工作，采取有力措施加强法制宣传教育。要坚持法治教育从娃娃抓起，把法治教育纳入国民教育体系和精神文明创建内容，由易到难、循序渐进不断增强青少年的规则意识。要健全公民和组织守法信用记录，完善守法诚信褒奖机制和违法失信行为惩戒机制，形成守法光荣、违法可耻的社会氛围，使遵法守法成为全体人民共同追求和自觉行动。"

　　中共中央、国务院曾经转发了中央宣传部、司法部关于在公民中开展法治宣传教育的规划，并发出通知，要求各地区各部门结合实际认真贯彻执行。通知指出，全民普法和守法是依法治国的长期基础性工作。深入开展法治宣传教育，是全面建成小康社会和新农村的重要保障。

　　普法规划指出：各地区各部门要根据实际需要，从不同群体的特点出发，因地制宜开展有特色的法治宣传教育坚持集中法治宣传教育与经常性法治宣传教育相结合，深化法律进机关、进乡村、进社区、进学校、进企业、进单位的"法律六进"主题活动，完善工作标准，建立长效机制。

　　特别是农业、农村和农民问题，始终是关系党和人民事业发展的全局性和根本性问题。党中央、国务院发布的《关于推进社会主义新农村建设的若干意见》中明确提出要"加强农村法制建设，深入开展农村普法教育，增强农民的法制观念，提高农民依法行使权利和履行义务的自觉性。"多年普法实践证明，普及法律知识，提高法制观念，增强全社会依法办事意识具有重要作用。特别是在广大农村进行普法教育，是提高全民法律素质的需要。

多年来，我国在农村实行的改革开放取得了极大成功，农村发生了翻天覆地的变化，广大农民生活水平大大得到了提高。但是，由于历史和社会等原因，现阶段我国一些地区农民文化素质还不高，不学法、不懂法、不守法现象虽然较原来有所改变，但仍有相当一部分群众的法制观念仍很淡化，不懂、不愿借助法律来保护自身权益，这就极易受到不法的侵害，或极易进行违法犯罪活动，严重阻碍了全面建成小康社会和新农村步伐。

为此，根据党和政府的指示精神以及普法规划，特别是根据广大农村农民的现状，在有关部门和专家的指导下，特别编辑了这套《全国普法学习读本》。主要包括了广大人民群众应知应懂、实际实用的法律法规。为了辅导学习，附录还收入了相应法律法规的条例准则、实施细则、解读解答、案例分析等；同时为了突出法律法规的实际实用特点，兼顾地方性和特殊性，附录还收入了部分某些地方性法律法规以及非法律法规的政策文件、管理制度、应用表格等内容，拓展了本书的知识范围，使法律法规更"接地气"，便于读者学习掌握和实际应用。

在众多法律法规中，我们通过甄别，淘汰了废止的，精选了最新的、权威的和全面的。但有部分法律法规有些条款不适应当下情况了，却没有颁布新的，我们又不能擅自改动，只得保留原有条款，但附录却有相应的补充修改意见或通知等。众多法律法规根据不同内容和受众特点，经过归类组合，优化配套。整套普法读本非常全面系统，具有很强的学习性、实用性和指导性，非常适合用于广大农村和城乡普法学习教育与实践指导。总之，是全国全民普法的良好读本。

# 目　　录

## 中华人民共和国残疾人保障法

# 中华人民共和国残疾人保障法

中华人民共和国主席令

第三号

《中华人民共和国残疾人保障法》已由中华人民共和国第十一届全国人民代表大会常务委员会第二次会议于2008年4月24日修订通过，现将修订后的《中华人民共和国残疾人保障法》公布，自2008年7月1日起施行。

中华人民共和国主席　胡锦涛

2008年4月24日

(1990年12月28日第七届全国人民代表大会常务委员会第十七次会议通过；根据2008年4月24日第十一届全国人民代表大会常务委员会第二次会议修订)

## 第一章　总　则

**第一条**　为了维护残疾人的合法权益，发展残疾人事业，保障残疾人平等地充分参与社会生活，共享社会物质文化成果，根据宪法，制定本法。

**第二条** 残疾人是指在心理、生理、人体结构上，某种组织、功能丧失或者不正常，全部或者部分丧失以正常方式从事某种活动能力的人。

残疾人包括视力残疾、听力残疾、言语残疾、肢体残疾、智力残疾、精神残疾、多重残疾和其他残疾的人。

残疾标准由国务院规定。

**第三条** 残疾人在政治、经济、文化、社会和家庭生活等方面享有同其他公民平等的权利。

残疾人的公民权利和人格尊严受法律保护。

禁止基于残疾的歧视。禁止侮辱、侵害残疾人。禁止通过大众传播媒介或者其他方式贬低损害残疾人人格。

**第四条** 国家采取辅助方法和扶持措施，对残疾人给予特别扶助，减轻或者消除残疾影响和外界障碍，保障残疾人权利的实现。

**第五条** 县级以上人民政府应当将残疾人事业纳入国民经济和社会发展规划，加强领导，综合协调，并将残疾人事业经费列入财政预算，建立稳定的经费保障机制。

国务院制定中国残疾人事业发展纲要，县级以上地方人民政府根据中国残疾人事业发展纲要，制定本行政区域的残疾人事业发展规划和年度计划，使残疾人事业与经济、社会协调发展。

县级以上人民政府负责残疾人工作的机构，负责组织、协调、指导、督促有关部门做好残疾人事业的工作。

各级人民政府和有关部门，应当密切联系残疾人，听取残疾人的意见，按照各自的职责，做好残疾人工作。

**第六条** 国家采取措施，保障残疾人依照法律规定，通过各种途径和形式，管理国家事务，管理经济和文化事业，管理社会事务。

制定法律、法规、规章和公共政策，对涉及残疾人权益和残疾人事业的重大问题，应当听取残疾人和残疾人组织的意见。

残疾人和残疾人组织有权向各级国家机关提出残疾人权益保

障、残疾人事业发展等方面的意见和建议。

**第七条** 全社会应当发扬人道主义精神，理解、尊重、关心、帮助残疾人，支持残疾人事业。

国家鼓励社会组织和个人为残疾人提供捐助和服务。

国家机关、社会团体、企业事业单位和城乡基层群众性自治组织，应当做好所属范围内的残疾人工作。

从事残疾人工作的国家工作人员和其他人员，应当依法履行职责，努力为残疾人服务。

**第八条** 中国残疾人联合会及其地方组织，代表残疾人的共同利益，维护残疾人的合法权益，团结教育残疾人，为残疾人服务。

中国残疾人联合会及其地方组织依照法律、法规、章程或者接受政府委托，开展残疾人工作，动员社会力量，发展残疾人事业。

**第九条** 残疾人的扶养人必须对残疾人履行扶养义务。

残疾人的监护人必须履行监护职责，尊重被监护人的意愿，维护被监护人的合法权益。

残疾人的亲属、监护人应当鼓励和帮助残疾人增强自立能力。

禁止对残疾人实施家庭暴力，禁止虐待、遗弃残疾人。

**第十条** 国家鼓励残疾人自尊、自信、自强、自立，为社会主义建设贡献力量。

残疾人应当遵守法律、法规，履行应尽的义务，遵守公共秩序，尊重社会公德。

**第十一条** 国家有计划地开展残疾预防工作，加强对残疾预防工作的领导，宣传、普及母婴保健和预防残疾的知识，建立健全出生缺陷预防和早期发现、早期治疗机制，针对遗传、疾病、药物、事故、灾害、环境污染和其他致残因素，组织和动员社会力量，采取措施，预防残疾的发生，减轻残疾程度。

国家建立健全残疾人统计调查制度，开展残疾人状况的统计调查和分析。

**第十二条** 国家和社会对残疾军人、因公致残人员以及其他为维护国家和人民利益致残的人员实行特别保障，给予抚恤和优待。

第十三条　对在社会主义建设中做出显著成绩的残疾人，对维护残疾人合法权益、发展残疾人事业、为残疾人服务做出显著成绩的单位和个人，各级人民政府和有关部门给予表彰和奖励。

第十四条　每年 5 月的第三个星期日为全国助残日。

# 第二章　康　复

第十五条　国家保障残疾人享有康复服务的权利。

各级人民政府和有关部门应当采取措施，为残疾人康复创造条件，建立和完善残疾人康复服务体系，并分阶段实施重点康复项目，帮助残疾人恢复或者补偿功能，增强其参与社会生活的能力。

第十六条　康复工作应当从实际出发，将现代康复技术与我国传统康复技术相结合；以社区康复为基础，康复机构为骨干，残疾人家庭为依托；以实用、易行、受益广的康复内容为重点，优先开展残疾儿童抢救性治疗和康复；发展符合康复要求的科学技术，鼓励自主创新，加强康复新技术的研究、开发和应用，为残疾人提供有效的康复服务。

第十七条　各级人民政府鼓励和扶持社会力量兴办残疾人康复机构。

地方各级人民政府和有关部门，应当组织和指导城乡社区服务组织、医疗预防保健机构、残疾人组织、残疾人家庭和其他社会力量，开展社区康复工作。

残疾人教育机构、福利性单位和其他为残疾人服务的机构，应当创造条件，开展康复训练活动。

残疾人在专业人员的指导和有关工作人员、志愿工作者及亲属的帮助下，应当努力进行功能、自理能力和劳动技能的训练。

第十八条　地方各级人民政府和有关部门应当根据需要有计划地在医疗机构设立康复医学科室，举办残疾人康复机构，开展康复医疗与训练、人员培训、技术指导、科学研究等工作。

**第十九条** 医学院校和其他有关院校应当有计划地开设康复课程，设置相关专业，培养各类康复专业人才。

政府和社会采取多种形式对从事康复工作的人员进行技术培训；向残疾人、残疾人亲属、有关工作人员和志愿工作者普及康复知识，传授康复方法。

**第二十条** 政府有关部门应当组织和扶持残疾人康复器械、辅助器具的研制、生产、供应、维修服务。

# 第三章　教　育

**第二十一条** 国家保障残疾人享有平等接受教育的权利。

各级人民政府应当将残疾人教育作为国家教育事业的组成部分，统一规划，加强领导，为残疾人接受教育创造条件。

政府、社会、学校应当采取有效措施，解决残疾儿童、少年就学存在的实际困难，帮助其完成义务教育。

各级人民政府对接受义务教育的残疾学生、贫困残疾人家庭的学生提供免费教科书，并给予寄宿生活费等费用补助；对接受义务教育以外其他教育的残疾学生、贫困残疾人家庭的学生按照国家有关规定给予资助。

**第二十二条** 残疾人教育，实行普及与提高相结合、以普及为重点的方针，保障义务教育，着重发展职业教育，积极开展学前教育，逐步发展高级中等以上教育。

**第二十三条** 残疾人教育应当根据残疾人的身心特性和需要，按照下列要求实施：

（一）在进行思想教育、文化教育的同时，加强身心补偿和职业教育；

（二）依据残疾类别和接受能力，采取普通教育方式或者特殊教育方式；

（三）特殊教育的课程设置、教材、教学方法、入学和在校年龄，可以有适度弹性。

**第二十四条** 县级以上人民政府应当根据残疾人的数量、分布状况和残疾类别等因素，合理设置残疾人教育机构，并鼓励社会力量办学、捐资助学。

**第二十五条** 普通教育机构对具有接受普通教育能力的残疾人实施教育，并为其学习提供便利和帮助。

普通小学、初级中等学校，必须招收能适应其学习生活的残疾儿童、少年入学；普通高级中等学校、中等职业学校和高等学校，必须招收符合国家规定的录取要求的残疾考生入学，不得因其残疾而拒绝招收；拒绝招收的，当事人或者其亲属、监护人可以要求有关部门处理，有关部门应当责令该学校招收。

普通幼儿教育机构应当接收能适应其生活的残疾幼儿。

**第二十六条** 残疾幼儿教育机构、普通幼儿教育机构附设的残疾儿童班、特殊教育机构的学前班、残疾儿童福利机构、残疾儿童家庭，对残疾儿童实施学前教育。

初级中等以下特殊教育机构和普通教育机构附设的特殊教育班，对不具有接受普通教育能力的残疾儿童、少年实施义务教育。

高级中等以上特殊教育机构、普通教育机构附设的特殊教育班和残疾人职业教育机构，对符合条件的残疾人实施高级中等以上文化教育、职业教育。

提供特殊教育的机构应当具备适合残疾人学习、康复、生活特点的场所和设施。

**第二十七条** 政府有关部门、残疾人所在单位和有关社会组织应当对残疾人开展扫除文盲、职业培训、创业培训和其他成人教育，鼓励残疾人自学成才。

**第二十八条** 国家有计划地举办各级各类特殊教育师范院校、专业，在普通师范院校附设特殊教育班，培养、培训特殊教育师资。普通师范院校开设特殊教育课程或者讲授有关内容，使普通教师掌握必要的特殊教育知识。

特殊教育教师和手语翻译,享受特殊教育津贴。

第二十九条　政府有关部门应当组织和扶持盲文、手语的研究和应用,特殊教育教材的编写和出版,特殊教育教学用具及其他辅助用品的研制、生产和供应。

# 第四章　劳动就业

第三十条　国家保障残疾人劳动的权利。

各级人民政府应当对残疾人劳动就业统筹规划,为残疾人创造劳动就业条件。

第三十一条　残疾人劳动就业,实行集中与分散相结合的方针,采取优惠政策和扶持保护措施,通过多渠道、多层次、多种形式,使残疾人劳动就业逐步普及、稳定、合理。

第三十二条　政府和社会举办残疾人福利企业、盲人按摩机构和其他福利性单位,集中安排残疾人就业。

第三十三条　国家实行按比例安排残疾人就业制度。

国家机关、社会团体、企业事业单位、民办非企业单位应当按照规定的比例安排残疾人就业,并为其选择适当的工种和岗位。达不到规定比例的,按照国家有关规定履行保障残疾人就业义务。国家鼓励用人单位超过规定比例安排残疾人就业。

残疾人就业的具体办法由国务院规定。

第三十四条　国家鼓励和扶持残疾人自主择业、自主创业。

第三十五条　地方各级人民政府和农村基层组织,应当组织和扶持农村残疾人从事种植业、养殖业、手工业和其他形式的生产劳动。

第三十六条　国家对安排残疾人就业达到、超过规定比例或者集中安排残疾人就业的用人单位和从事个体经营的残疾人,依法给予税收优惠,并在生产、经营、技术、资金、物资、场地等方面给予扶持。国家对从事个体经营的残疾人，免除行政事业性收费。

县级以上地方人民政府及其有关部门应当确定适合残疾人生产、经营的产品、项目，优先安排残疾人福利性单位生产或者经营，并根据残疾人福利性单位的生产特点确定某些产品由其专产。

政府采购，在同等条件下应当优先购买残疾人福利性单位的产品或者服务。

地方各级人民政府应当开发适合残疾人就业的公益性岗位。

对申请从事个体经营的残疾人，有关部门应当优先核发营业执照。

对从事各类生产劳动的农村残疾人，有关部门应当在生产服务、技术指导、农用物资供应、农副产品购销和信贷等方面，给予帮助。

**第三十七条** 政府有关部门设立的公共就业服务机构，应当为残疾人免费提供就业服务。

残疾人联合会举办的残疾人就业服务机构，应当组织开展免费的职业指导、职业介绍和职业培训，为残疾人就业和用人单位招用残疾人提供服务和帮助。

**第三十八条** 国家保护残疾人福利性单位的财产所有权和经营自主权，其合法权益不受侵犯。

在职工的招用、转正、晋级、职称评定、劳动报酬、生活福利、休息休假、社会保险等方面，不得歧视残疾人。

残疾职工所在单位应当根据残疾职工的特点，提供适当的劳动条件和劳动保护，并根据实际需要对劳动场所、劳动设备和生活设施进行改造。

国家采取措施，保障盲人保健和医疗按摩人员从业的合法权益。

**第三十九条** 残疾职工所在单位应当对残疾职工进行岗位技术培训，提高其劳动技能和技术水平。

第四十条 任何单位和个人不得以暴力、威胁或者非法限制人身自由的手段强迫残疾人劳动。

# 第五章 文化生活

第四十一条 国家保障残疾人享有平等参与文化生活的权利。

各级人民政府和有关部门鼓励、帮助残疾人参加各种文化、体育、娱乐活动，积极创造条件，丰富残疾人精神文化生活。

第四十二条 残疾人文化、体育、娱乐活动应当面向基层，融于社会公共文化生活，适应各类残疾人的不同特点和需要，使残疾人广泛参与。

第四十三条 政府和社会采取下列措施，丰富残疾人的精神文化生活：

（一）通过广播、电影、电视、报刊、图书、网络等形式，及时宣传报道残疾人的工作、生活等情况，为残疾人服务；

（二）组织和扶持盲文读物、盲人有声读物及其他残疾人读物的编写和出版，根据盲人的实际需要，在公共图书馆设立盲文读物、盲人有声读物图书室；

（三）开办电视手语节目，开办残疾人专题广播栏目，推进电视栏目、影视作品加配字幕、解说；

（四）组织和扶持残疾人开展群众性文化、体育、娱乐活动，举办特殊艺术演出和残疾人体育运动会，参加国际性比赛和交流；

（五）文化、体育、娱乐和其他公共活动场所，为残疾人提供方便和照顾。有计划地兴办残疾人活动场所。

第四十四条 政府和社会鼓励、帮助残疾人从事文学、艺术、教育、科学、技术和其他有益于人民的创造性劳动。

第四十五条 政府和社会促进残疾人与其他公民之间的相互理解和交流，宣传残疾人事业和扶助残疾人的事迹，弘扬残疾人自强不息的精神，倡导团结、友爱、互助的社会风尚。

# 第六章　社会保障

**第四十六条**　国家保障残疾人享有各项社会保障的权利。

政府和社会采取措施，完善对残疾人的社会保障，保障和改善残疾人的生活。

**第四十七条**　残疾人及其所在单位应当按照国家有关规定参加社会保险。

残疾人所在城乡基层群众性自治组织、残疾人家庭，应当鼓励、帮助残疾人参加社会保险。

对生活确有困难的残疾人，按照国家有关规定给予社会保险补贴。

**第四十八条**　各级人民政府对生活确有困难的残疾人，通过多种渠道给予生活、教育、住房和其他社会救助。

县级以上地方人民政府对享受最低生活保障待遇后生活仍有特别困难的残疾人家庭，应当采取其他措施保障其基本生活。

各级人民政府对贫困残疾人的基本医疗、康复服务、必要的辅助器具的配置和更换，应当按照规定给予救助。

对生活不能自理的残疾人，地方各级人民政府应当根据情况给予护理补贴。

**第四十九条**　地方各级人民政府对无劳动能力、无扶养人或者扶养人不具有扶养能力、无生活来源的残疾人，按照规定予以供养。

国家鼓励和扶持社会力量举办残疾人供养、托养机构。

残疾人供养、托养机构及其工作人员不得侮辱、虐待、遗弃残疾人。

**第五十条**　县级以上人民政府对残疾人搭乘公共交通工具，应当根据实际情况给予便利和优惠。残疾人可以免费携带随身必备的辅助器具。

盲人持有效证件免费乘坐市内公共汽车、电车、地铁、渡船等公共交通工具。盲人读物邮件免费寄递。

国家鼓励和支持提供电信、广播电视服务的单位对盲人、听力残疾人、言语残疾人给予优惠。

各级人民政府应当逐步增加对残疾人的其他照顾和扶助。

**第五十一条** 政府有关部门和残疾人组织应当建立和完善社会各界为残疾人捐助和服务的渠道，鼓励和支持发展残疾人慈善事业，开展志愿者助残等公益活动。

# 第七章 无障碍环境

**第五十二条** 国家和社会应当采取措施，逐步完善无障碍设施，推进信息交流无障碍，为残疾人平等参与社会生活创造无障碍环境。

各级人民政府应当对无障碍环境建设进行统筹规划，综合协调，加强监督管理。

**第五十三条** 无障碍设施的建设和改造，应当符合残疾人的实际需要。

新建、改建和扩建建筑物、道路、交通设施等，应当符合国家有关无障碍设施工程建设标准。

各级人民政府和有关部门应当按照国家无障碍设施工程建设规定，逐步推进已建成设施的改造，优先推进与残疾人日常工作、生活密切相关的公共服务设施的改造。

对无障碍设施应当及时维修和保护。

**第五十四条** 国家采取措施，为残疾人信息交流无障碍创造条件。

各级人民政府和有关部门应当采取措施，为残疾人获取公共信息提供便利。

国家和社会研制、开发适合残疾人使用的信息交流技术和产品。

国家举办的各类升学考试、职业资格考试和任职考试，有盲人参加的，应当为盲人提供盲文试卷、电子试卷或者由专门的工作人员予以协助。

第五十五条　公共服务机构和公共场所应当创造条件，为残疾人提供语音和文字提示、手语、盲文等信息交流服务，并提供优先服务和辅助性服务。

公共交通工具应当逐步达到无障碍设施的要求。有条件的公共停车场应当为残疾人设置专用停车位。

第五十六条　组织选举的部门应当为残疾人参加选举提供便利；有条件的，应当为盲人提供盲文选票。

第五十七条　国家鼓励和扶持无障碍辅助设备、无障碍交通工具的研制和开发。

第五十八条　盲人携带导盲犬出入公共场所，应当遵守国家有关规定。

# 第八章　法律责任

第五十九条　残疾人的合法权益受到侵害的，可以向残疾人组织投诉，残疾人组织应当维护残疾人的合法权益，有权要求有关部门或者单位查处。有关部门或者单位应当依法查处，并予以答复。

残疾人组织对残疾人通过诉讼维护其合法权益需要帮助的，应当给予支持。

残疾人组织对侵害特定残疾人群体利益的行为，有权要求有关部门依法查处。

第六十条　残疾人的合法权益受到侵害的，有权要求有关部门依法处理，或者依法向仲裁机构申请仲裁，或者依法向人民法院提起诉讼。

对有经济困难或者其他原因确需法律援助或者司法救助的残疾人，当地法律援助机构或者人民法院应当给予帮助，依法为其提供法律援助或者司法救助。

第六十一条　违反本法规定，对侵害残疾人权益行为的申诉、控告、检举，推诿、拖延、压制不予查处，或者对提出申诉、控告、检举的人进行打击报复的，由其所在单位、主管部门或者上级机关责令改正，并依法对直接负责的主管人员和其他直接责任人员给予处分。

国家工作人员未依法履行职责，对侵害残疾人权益的行为未及时制止或者未给予受害残疾人必要帮助，造成严重后果的，由其所在单位或者上级机关依法对直接负责的主管人员和其他直接责任人员给予处分。

第六十二条　违反本法规定，通过大众传播媒介或者其他方式贬低损害残疾人人格的，由文化、广播电影电视、新闻出版或者其他有关主管部门依据各自的职权责令改正，并依法给予行政处罚。

第六十三条　违反本法规定，有关教育机构拒不接收残疾学生入学，或者在国家规定的录取要求以外附加条件限制残疾学生就学的，由有关主管部门责令改正，并依法对直接负责的主管人员和其他直接责任人员给予处分。

第六十四条　违反本法规定，在职工的招用等方面歧视残疾人的，由有关主管部门责令改正；残疾人劳动者可以依法向人民法院提起诉讼。

第六十五条　违反本法规定，供养、托养机构及其工作人员侮辱、虐待、遗弃残疾人的，对直接负责的主管人员和其他直接责任人员依法给予处分；构成违反治安管理行为的，依法给予行政处罚。

第六十六条　违反本法规定，新建、改建和扩建建筑物、道路、交通设施，不符合国家有关无障碍设施工程建设标准，或者对无障碍设施未进行及时维修和保护造成后果的，由有关主管部门依法处理。

第六十七条　违反本法规定，侵害残疾人的合法权益，其他法律、法规规定行政处罚的，从其规定；造成财产损失或者其他损害的，依法承担民事责任；构成犯罪的，依法追究刑事责任。

# 第九章　附　则

第六十八条　本法自 2008 年 7 月 1 日起施行。

# 附 录

## 司法部关于"十三五"加强残疾人
## 公共法律服务的意见

司发通〔2017〕110 号

各省、自治区、直辖市司法厅（局），新疆生产建设兵团司法局：

为深入贯彻落实国务院《"十三五"加快残疾人小康进程规划纲要》（国发〔2016〕47 号）、《"十三五"推进基本公共服务均等化规划》（国发〔2017〕9 号）和全国残疾人康复工作电视电话会议精神，充分发挥司法行政职能作用，切实维护残疾人合法权益，现就"十三五"时期加强残疾人公共法律服务提出如下意见：

一、充分认识做好残疾人公共法律服务的重要意义

残疾人是一个特殊困难群体，需要格外关心、格外关注。没有残疾人的小康，就不是真正意义上的全面小康。党中央、国务院高度重视残疾人民生改善，推动残疾人事业与经济社会协调发展。习近平总书记指出："2020 年全面建成小康社会，残疾人一个也不能少。为残疾人事业做更多事情，也是全面建成小康社会的一个重要方面"。残疾人在政治、经济、文化、社会和家庭生活等方面享有同其他公民平等的权利，依法保障残疾人平等权益，是残疾人小康进程的重要内容。司法行政部门履行律师、公证、人民调解、司法鉴定、法律援助、法治宣传等公共法律服务职能，与残疾人权益保障密切相关，在促进残疾人小康进程中具有重要作用。

当前，我国正处在全面建成小康社会的决胜阶段。建立健全公

共法律服务体系，为残疾人提供更多、更优惠、更便捷高效的公共法律服务，切实维护残疾人合法权益，是保障残疾人基本民生、落实以人民为中心发展思想的具体实践，是促进社会公平正义的必然要求，是加快残疾人小康进程的重要任务。各级司法行政机关要充分认识做好新形势下残疾人公共法律服务的重要性，进一步增强责任感、使命感，扎实工作，多谋残疾人之利、多解残疾人之忧、多急残疾人之难，认真履行职责，切实维护残疾人权益，不断增进残疾人福祉，促进残疾人事业取得更快发展。

二、明确为残疾人提供公共法律服务的总体要求和主要任务

（一）总体要求

以习近平新时代中国特色社会主义思想为指导，贯彻落实党的十九大和十九届一中全会精神，深入贯彻习近平总书记对残疾人工作和司法行政工作的重要指示，贯彻落实党中央、国务院关于残疾人事业发展的决策部署，以残疾人公共法律服务需求为导向，健全残疾人权益保障机制。进一步拓展服务领域，丰富服务内容，创新服务方式，提升服务水平，着力增加残疾人在律师、公证、人民调解、司法鉴定、法律援助、法治宣传等方面的公共法律服务供给。到2020年，公共法律服务网络体系覆盖所有残疾人，服务能力显著增强，服务质量明显提高，使所有残疾人在需要时都能获得普惠、精准、及时和优质高效的公共法律服务。

（二）主要任务

1. 健全服务网络。建设公共法律服务实体、热线、网络三大平台，为残疾人提供方便可及的公共法律服务。在健全县、乡公共法律服务实体平台基础上，根据残疾人法律需求，推进村（居）公共法律服务工作站、村（居）法律顾问、人民调解委员会和基层普法阵地建设，构建县、乡、村三级联动互补的残疾人公共法律服务网络。引导各类公共法律服务主体向残联和特殊教育学校等残疾人比较集中的场所延伸。做好与县级以上残联设立的残疾人法律救助站的业务衔接，就地、就近为残疾人提供及时、便利的公共法律服

务。加强"12348"公共法律服务热线平台建设，建立一体化呼叫中心系统，为残疾人提供在线咨询解答、法律服务、纠纷调解、法律援助、法治宣传、服务投诉等服务。推进公共法律服务网络平台建设，借助"12348中国法网"及移动客户端、"掌上12348"微信公众号平台，为残疾人提供融合电话、网站、短信、微博、微信、客户端等多种方式服务。在"12348中国法网"主页上集成文字大小控制、页面色彩对比、语音朗读等辅助工具，实现网站无障碍浏览，为残疾人从网上获取方便快捷的公共法律服务提供保障。健全部门协作机制，加强"12348中国法网"及"12348"公共法律服务热线与残联网络平台和"12385残疾人服务热线"的对接，努力实现互联互通、信息共享，提高残疾人获得公共法律服务的便利性。

2. 增加服务供给。拓展残疾人公共法律服务领域，鼓励为残疾人就学、就业、医疗、保险、救助、托养照料、康复、灾害及事故致残鉴定和监护等提供公益法律服务，促进解决残疾人生产生活中存在的困难和问题；做好残疾人涉法涉诉信访等矛盾纠纷排查化解工作。倡导志愿助残服务，鼓励支持社会力量参与残疾人公共法律服务。认真落实《支持国家康复辅助器具产业综合创新试点工作政策措施清单》，对试点地区在康复辅助器具领域探索开展司法鉴定工作给予指导和支持。扩大残疾人法律援助范围。开展残疾人法律援助需求调查，为扩大残疾人法律援助范围和提供精准服务奠定基础。推动将残疾人社保、康复、教育、就业和劳动权益保护及贫困残疾人脱贫等基本民生保障事项纳入法律援助补充事项范围。加强残疾人刑事法律援助工作，做好盲、聋、哑及尚未完全丧失辨认或者控制自己行为能力的精神病犯罪嫌疑人、被告人通知辩护案件的法律援助工作；对没有辩护人的残疾犯罪嫌疑人、刑事被告人，司法行政机关应当加强与法院、检察院、公安机关等办案机关的工作衔接，落实告知、转交申请等事项，使残疾犯罪嫌疑人、被告人及时获得法律援助或值班律师的法律帮助。加强残疾人法治宣传工作。认真落实"七五"普法规划，加强对《残疾人权益保障法》《残疾人就业条例》《残疾人教育条例》《无障碍环境建设条例》《残疾预防和残疾人康复条例》等法律法规宣传力度，增强政府有关部门、企事业单位和全社会服残助残、残疾预防及康复的意识与能力；坚持"谁执法谁普法""谁服务谁普法"的普法责任制，在涉及残疾人执法、服务过程中做到实时普法、精准普法，促进残疾人权益保障有关法律法规有效实施；开展残疾人学法用法专项行动，提高残疾人对有关法律法规政策的知晓度和维权能力。广泛开展公共法律教育，设计制作满足残疾人需求的公共法律教育产品，引导残疾人依法维权。

3. 完善便利服务机制。积极推进市、县公共法律服务中心与法律援助便民服务窗口无障碍环境建设。鼓励支持各类公共法律服务主体为需要诉讼法律服务的残疾人提供语音和文字提示、手语、盲文等信息和交流无障碍服务。简化法律援助审查程序，对纳入最低生活保障范围、救助供养范围、城乡医疗救助范围的残疾人和持有残疾证的残疾人，接受康复服务、领取生活补贴的困难残疾人和领取护理补贴的重度残疾人申请法律援助的，免予经济困难条件审查。司法行政机关要主动商残联建立残疾人法律援助对象信息共享机制，及时掌握贫困残疾人动态更新信息，提高审查效率；对符合条件的残疾人申请法律援助，可当日受理、审查，并快速办理；对重度残疾人、行动不便的残疾人提倡实行上门服务。注重利用好全国助残日、爱耳日、爱眼日、防灾减灾日、国家宪法日等宣传节点，开展残疾人专项服务活动。

4. 提高服务质量。推行岗位责任制、服务承诺制、首问负责制、限时办结制、服务公开制，增强优质服务意识。广泛开展"残疾人维权示范岗"创建活动，培育一批维护残疾人权益的律师、公证、司法鉴定、法律援助等方面的先进典型，引导法律服务工作者严格遵守法定程序和执业规范，提供符合标准的公共法律服务。创新服务方式，根据不同服务类别和服务人员探索组建公共法律服务专业团队，对重大疑难案件实行集体讨论、全程跟踪、重点督办，提高公共法律服务专业化水平。加强监督检查，将残疾人法律援助案件纳入同行评估范围，促进提高案件办理水平。健全服务信息反馈机制，开展残疾人公共法律服务满意度调查，使各项服务措施更加符合残疾人需求。

三、加大残疾人公共法律服务保障力度

（一）加强组织领导。各级司法行政机关要高度重视残疾人权益保障工作，切实落实主体责任，加强组织领导。对残疾人公共法律服务中遇到的困难和问题，及时协调研究解决。加强与法院、检察院、公安、民政、人力资源和社会保障、教育、卫生、残联等部门的沟通协调和衔接配合，健全残疾人法律救助工作协调机制，形成工作合力。律师、公证、人民调解、司法鉴定、法律援助、法治宣传等业务部门要加强协调联动，在服务平台建设、人员配备、资金保障、资源供给、政府购买服务等方面做到统筹、整合、融入、共享。有效整合律师、公证员、基层法律服务工作者、人民调解员、司法鉴定人员、法律援助工作者等服务力量，加强团队协作，强化职业素养，引导他们树立高尚的人道主义情怀，更好服务残疾人。大力表彰为残疾人提供公共法律服务的先进典型，增强公共法律服务队伍的荣誉感、使命感。

（二）强化资金保障。各地要积极争取财政部门支持，加大对残疾人公共法律服务经费投入力度。加强经费管理和使用，充分发挥财政资金效益。完善政府购买公共法律服务机制，探索编制残疾人等困难群体公共法律服务产品"政府购买目录"，争取将不符合法律援助条件的残疾人公共法律服务事项纳入政府购买项目，保障残疾人获得普惠性、公益性、可选择的公共法律服务。推动建立公益性法律服务补偿机制，对积极参与残疾人公共法律服务的机构和人员，通过奖励、免费培训等方式给予补偿和激励。使用中央补助地方法律援助办案专款、中央专项彩票公益金法律援助项目资金时，对办理残疾人法律援助案件所需经费实行政策倾斜，确保符合条件的残疾人及时获得法律援助，平等享受法律保护。鼓励各级法律援助基金会积极募集社会资金，设立残疾人法律援助专项基金，为法律援助惠及更多残疾人提供经费保障。

（三）注重宣传引导。采取多种形式，大力宣传党中央、国务院对维护残疾人合法权益的高度重视和加强这项工作的决策部署，及时总结和推广为残疾人提供公共法律服务的先进经验和创新举措，发挥示范引领作用。充分利用报刊、广播、电视、网络和新媒体，以群众喜闻乐见的方式，积极宣传残疾人公共法律服务工作中涌现的先进典型和感人事迹，努力营造理解、尊重、关心、帮助残疾人的良好社会氛围。

司法部

2017 年 11 月 2 日

# "十三五"加快残疾人小康进程规划纲要

国务院关于印发

"十三五"加快残疾人小康进程规划纲要的通知

国发〔2016〕47号

各省、自治区、直辖市人民政府，国务院各部委、各直属机构：

现将《"十三五"加快残疾人小康进程规划纲要》印发给你们，请认真贯彻执行。

国务院

2016年8月3日

为贯彻落实党中央、国务院关于残疾人事业发展的一系列重要部署，全面实施《国务院关于加快推进残疾人小康进程的意见》（国发〔2015〕7号），进一步保障和改善残疾人民生，帮助残疾人和全国人民共建共享全面小康社会，依据《中华人民共和国残疾人保障法》和《中华人民共和国国民经济和社会发展第十三个五年规划纲要》，制定本纲要。

一、编制背景

党中央、国务院高度重视残疾人民生改善，推动残疾人事业与经济社会协调发展。"十二五"时期特别是党的十八大以来，残疾人权益保障制度不断完善，基本公共服务体系初步建立，残疾人生存发展状况显著改善。588万农村贫困残疾人脱贫，950多万困难和重度残疾人得到生活补贴或护理补贴。残疾人就业稳中向好，收入较快增长。1000多万残疾人得到康复服务，残疾儿童少年义务教育入学率持续提高，残疾人文化体育服务不断拓展，无障碍环境建设加快推进。人道主义思想深入人心，扶残助残的社会氛围更加浓厚。残疾人社会参与日益广泛，各行各业涌现出一大批残疾人自强自立典型，越来越多的残疾人实现了人生和事业的梦想。

但与此同时，目前我国仍有相当数量的农村贫困残疾人、近200万城镇残疾人生活还十分困难，残疾人就业还不够充分，城乡残疾人家庭人均收入与社会平均水平差距仍然较大。康复、教育、托养等基本公共服务还不能满足残疾人的需求，残疾人事业城乡区域发展还很不平衡，基层为残疾人服务的能力尤其薄弱，专业服务人才相当匮乏。残疾人平等参与社会生活还面临不少困难和障碍。残疾人群体仍然是全面建成小康社会的难中之难、困中之困。

"十三五"时期是全面建成小康社会的决胜阶段。残疾人是一个特殊困难群体，需要格外关心、格外关注。残疾人既是全面小康社会的受益者，也是重要的参与者和建设者。没有残疾人的小康，就不是真正意义上的全面小康。"十三五"时期，必须补上残疾人事业的短板，加快推进残疾人小康进程，尽快缩小残疾人状况与社会平均水平的差距，让残疾人和全国人民共同迈入全面小康社会。

二、总体要求

（一）指导思想。

高举中国特色社会主义伟大旗帜，全面贯彻党的十八大和十八届三中、四中、五中全会精神，以邓小平理论、"三个代表"重要思想、科学发展观为指导，深入贯彻习近平总书记系列重要讲话精神，认真落实党中央、国务院决策部署，围绕"四个全面"战略布局，牢固树立和贯彻创新、协调、绿色、开放、共享的发展理念，把加快推进残疾人小康进程作为全面建成小康社会决胜阶段的重点任务，聚焦农村、贫困地区和贫困、重度残疾人，健全残疾人权益保障制度和扶残助残服务体系，增加残疾人公共产品和公共服务供给，让改革发展成果更多、更公平、更实在地惠及广大残疾人，使残疾人收入水平明显提高、生活质量明显改善、融合发展持续推进，让广大残疾人安居乐业、衣食无忧，生活得更加殷实、更有尊严。

（二）基本原则。

坚持普惠与特惠相结合。既要通过普惠性制度安排给予残疾人公平待遇，保障他们的基本生存发展需求，又要通过特惠性制度安排给予残疾人特别扶助和优先保障，解决好他们的特殊困难和特殊需求。

坚持政府主导与社会参与、市场推动相结合。既要突出政府责任，确保残疾人公平享有基本民生保障和基本公共服务，依法维护好残疾人平等权益，又要充分发挥社会力量、残疾人组织和市场机制作用，满足残疾人多层次、多样化的需求，为残疾人就业增收和融合发展创造便利化条件和友好型环境。

坚持增进残疾人福祉和促进残疾人自强自立相结合。既要解决好残疾人最关心、最直接、最现实的利益问题，不断增进残疾人福祉，又要充分发挥残疾人的积极性、主动性和创造性，提高残疾人自我发展能力，帮助残疾人通过自身努力创造更加幸福的生活。

坚持统筹兼顾与分类指导相结合。既要加强对农村、老少边穷地区和贫困、重度残疾人的重点扶持，统筹推进城乡区域和不同类别残疾人小康进程，又要充分考虑城乡和地区差异，使残疾人小康进程与当地全面小康进程相协调、相适应。

（三）主要目标。

到2020年，残疾人权益保障制度基本健全、基本公共服务体系更加完善，残疾人事业与经济社会协调发展；残疾人社会保障和基本公共服务水平明显提高，共享全面建成小康社会的成果。

农村贫困残疾人实现脱贫，力争城乡残疾人家庭人均可支配收入年均增速比社会平均水平更快一些，残疾人普遍享有基本住房、基本养老、基本医疗、基本康复，生活有保障，居家有照料，出行更便利。

残疾人平等权益得到更好保障，受教育水平明显提高，就业更加充分，文化体育生活更加丰富活跃，自身素质和能力不断增强，社会参与更加广泛深入。

残疾人基本公共服务基础条件明显改善，服务质量和效益不断提高，基层残疾人综合服务能力显著增强，形成理解、尊重、关心、帮助残疾人的良好社会环境。

专栏1　加快残疾人小康进程主要指标

| 指标 | 目标值 | 属性 |
|---|---|---|
| 1. 残疾人家庭人均可支配收入年均增速 | >6.5% | 预期性 |
| 2. 困难残疾人生活补贴目标人群覆盖率 | >95% | 约束性 |
| 3. 重度残疾人护理补贴目标人群覆盖率 | >95% | 约束性 |
| 4. 残疾人城乡居民基本养老保险参保率 | 90% | 预期性 |
| 5. 残疾人城乡居民基本医疗保险参保率 | 95% | 预期性 |
| 6. 农村建档立卡贫困残疾人脱贫率 | 100% | 约束性 |
| 7. 农村贫困残疾人家庭存量危房改造率 | 100% | 约束性 |
| 8. 残疾人基本康复服务覆盖率 | 80% | 约束性 |
| 9. 残疾人辅助器具适配率 | 80% | 约束性 |
| 10. 残疾儿童少年接受义务教育比例 | 95% | 约束性 |

三、主要任务

（一）保障残疾人基本民生。

1. 提高残疾人社会救助水平。将符合条件的残疾人家庭及时纳入最低生活保障范围。生活困难、靠家庭供养且无法单独立户的成年无业重度残疾人，经个人申请，可按照单人户纳入最低生活保障范围。对以老养残、一户多残等特殊困难家庭中因抚养（扶养、赡养）人生活困难、事实无力供养的残疾人，符合特困人员救助供养有关规定的，纳入救助供养范围。对纳入城乡医疗救助范围的残疾人，稳步提高救助水平。加强严重精神障碍患者救治救助工作，建立严重精神障碍患者防治管理和康复服务机制。对精神障碍患者通过基本医疗保险支付医疗费用后仍有困难，或者不能通过基本医疗保险支付医疗费用的，应当优先给予医疗救助。对生活无着的流浪、乞讨残疾人给予及时救助，健全流浪、乞讨残疾人返乡保障制度，对因无法查明身份信息而长期滞留的流浪、乞讨残疾人给予妥善照料安置。有条件的地方可将困难残疾人纳入惠民殡葬政策范围。

2. 建立完善残疾人基本福利制度。全面实施困难残疾人生活补贴制度和重度残疾人护理补贴制度，适时调整补贴标准，有条件的地方可逐步扩大补贴范围。建立残疾儿童康复救助制度，逐步提高残疾儿童少年福利保障水平。有条件的地方可对残疾人基本型辅助器具适配和贫困残疾人家庭无障碍改造予以补贴。落实已出台的低收入残疾人家庭生活用水、电、气、暖等基本生活支出费用优惠和补贴政策，制定实施盲人、聋人特定信息消费支持政策。各地对残疾人搭乘市内公共交通工具给予便利和优惠。公园、旅游景点和公共文化体育设施对残疾人免费或者优惠开放。

3. 确保城乡残疾人普遍享有基本养老保险和基本医疗保险。落实符合条件的贫困和重度残疾人参加城乡居民社会保险个人缴费资助政策，有条件的地方可扩大资助范围、提高资助标准，帮助残疾人按规定参加各项社会保险。完善重度残疾人医疗报销制度，逐步扩大基本医疗保险支付的医疗康复项目范围。支持商业保险机构对残疾人实施优惠保险费率，鼓励开发适合残疾人的补充养老、补充医疗等商业保险产品。鼓励残疾人个人参加相关商业保险。

4. 优先保障残疾人基本住房。对符合住房保障条件的城镇残疾人家庭给予优先轮候、优先选房等政策。农村危房改造同等条件下优先安排经济困难的残疾人家庭。按照农村危房改造政策要求，采取制定实施分类补助标准等措施，对无力自筹资金的残疾人家庭给予倾斜照顾。到2020年完成农村贫困残疾人家庭存量危房改造任务。有条件的地方可采用集体公租房、过渡房等多种方式解决贫困残疾人家庭的基本住房问题。

5. 加快发展残疾人托养照料服务。建立健全以家庭为基础、社区为依托、机构为支撑的残疾人托养服务体系，实现与儿童、老年人护理照料服务体系的衔接和资源共享。逐步提高残疾人托养服务能力，扩大受益面。继续实施"阳光家园计划"，提高托养机构规范化服务水平。为盲、聋、智障等残疾老人提供养老服务，提升专业化服务水平。对收养残疾儿童的家庭给予更多政策优惠支持，使更多的残疾儿童回归家庭生活。充分考虑少数民族残疾人的风俗习惯，健全惠及各族残疾人的托养照料服务体系。

**专栏2　残疾人民生兜底保障重点政策**

1. 最低生活保障制度

将符合条件的残疾人家庭及时纳入最低生活保障范围。生活困难、靠家庭供养且无法单独立户的成年无业重度残疾人，经个人申请，可按照单人户纳入最低生活保障范围。

2. 困难残疾人生活补贴制度和重度残疾人护理补贴制度

为低保家庭中的残疾人提供生活补贴，有条件的地方可逐步扩大到低收入残疾人及其他困难残疾人。为一级、二级且需要长期照护的各类重度残疾人提供护理补贴，有条件的地方可扩大到非重度智力、精神残疾人或其他残疾人。

3. 残疾儿童康复救助制度

逐步实现0—6岁视力、听力、言语、智力、肢体残疾儿童和孤独症儿童免费得到手术、辅助器具适配和康复训练等服务。

4. 残疾人基本型辅助器具补贴

有条件的地方对残疾人适配基本型辅助器具给予补贴。

5. 贫困残疾人家庭无障碍改造补贴

有条件的地方对贫困残疾人家庭无障碍改造给予补贴。

6. 困难残疾人社会保险个人缴费资助

对符合条件的贫困和重度残疾人参加城乡居民基本养老保险、基本医疗保险个人缴费予以资助。

7. 重度残疾人医疗报销制度

积极做好符合条件的重度残疾人医疗救助工作，鼓励地方探索提高重度残疾人大病保障水平，完善残疾人医保结算、救助流程。

8. 盲人、聋人特定信息消费支持

对盲人、聋人有线（数字）电视费用、宽带和手机上网流量费用等给予优惠照顾。

9. 阳光家园计划

支持日间照料机构和专业托养服务机构为 100 万人次就业年龄段智力、精神、重度肢体残疾人提供护理照料、生活自理能力和社会适应能力训练、职业康复、劳动技能培训、辅助性就业等服务。

（二）大力促进城乡残疾人及其家庭就业增收。

1. 确保农村贫困残疾人如期脱贫。制定实施《贫困残疾人脱贫攻坚行动计划（2016—2020 年）》。将农村贫困残疾人全部纳入精准扶贫建档立卡范围，强化分类施策和精准帮扶，政策、项目向贫困残疾人倾斜。加强实用技术培训、社会化生产服务和金融信贷支持，充分发挥农民专业合作社、龙头企业和残疾人扶贫基地的辐射带动作用，确保农村贫困残疾人家庭至少参与一项养殖、种植、设施农业等增收项目。有序组织农村残疾人转移就业。在资产收益扶贫工作中，财政专项资金形成的资产可折股量化优先配置给贫困残疾人家庭。积极引导贫困残疾人家庭采取土地托管或林权、农村土地承包经营权入股等方式，实现家庭资产增值增收。第一书记等驻村干部要将残疾人贫困户作为重点帮扶对象，选好配强帮扶责任人。将残疾人减贫成效纳入地方各级政府扶贫开发工作成效考核范围。持续实施"农村基层党组织助残扶贫工程"，依托"光伏扶贫"、"农家书屋"、"农村电商"等项目搭建社会力量参与残疾人扶贫开发平台。

2. 依法大力推进残疾人按比例就业。研究建立用人单位按比例安排残疾人就业公示制度。各级党政机关、事业单位、国有企业应当带头招录（聘）和安置残疾人就业。各级党政机关在坚持具有正常履行职责的身体条件的前提下，对残疾人能够胜任的岗位，在同等条件下要鼓励优先录用残疾人。切实维护残疾人平等报考公务员的权利，为残疾人考生创造良好的考试环境。未安排残疾人就业的事业单位申请使用空编招聘时，应优先招聘符合条件的残疾人。加大对超比例安排残疾人就业用人单位的奖励力度。将安排残疾人就业情况纳入全国信用信息共享平台，列为企业履行社会责任内容。各类医疗机构要积极吸纳符合条件的盲人医疗按摩人员就业执业。积极做好残疾军人退役安置工作。培育残疾人就业辅导员队伍，发展支持性就业。加强残疾人就业保障金管理，建立征收使用情况公示制度。

3. 稳定发展残疾人集中就业。落实税收优惠政策，完善残疾人集中就业单位资格认定管理办法。福利企业、盲人按摩机构和残疾人辅助性就业机构等残疾人集中就业单位参照社会福利机构享受城市建设与公用事业收费优惠。搭建残疾人集中就业单位产品和服务展销平台，制定政府采购残疾人集中就业单位产品和服务的有关政策。培育残疾人集中就业产品和服务品牌，扶持带动残疾人就业能力强的龙头企业。继续开展"千企万人就业行动"。支持盲人按摩业发展，鼓励盲人按摩规模化、品牌化。扶持残疾人文化创意产业基地建设。

4. 多渠道扶持残疾人自主创业和灵活就业。完善对残疾人自主创业、灵活就业和为残疾人提供就业岗位的个体工商户的扶持政策。对符合条件的自主创业、灵活就业残疾人，按规定给予税费减免和社会保险补贴，帮助安排经营场所、提供启动资金支持。建立完善残疾人创业孵化机制，扶持残疾人创业致富带头人。对符合条件的残疾人全面做好创业担保贷款支持和配套金融服务。借助"互联网+"行动，鼓励残疾人利用网络就业创业，给予设施设备和网络资费补助。扶持残疾人社区就业、居家就业。支持残疾人参与非物质文化遗产传承、振兴传统工艺、家庭手工业等项目。促进残疾妇女就业创业，拓宽盲人、聋人就业渠道。

5. 大力发展残疾人辅助性就业和多种形式就业。东部地区基本满足精神、智力和重度肢体残疾人等适宜人群的辅助性就业需求，中西部地区每个县（市、区）至少建有一所辅助性就业机构。为辅助性就业残疾人提供工资性补贴和社会保险补贴，对辅助性就业机构设施设备、无障碍改造等给予补助。政府开发的公益性岗位优先安排符合就业困难人员条件的残疾人。扶持残疾人亲属就业创业，实现零就业残疾人家庭至少有一人就业。

6. 加强残疾人就业服务和劳动权益保护。为有就业意愿和相应能力的残疾人普遍提供职业技能培训、岗位技能提升培训、创业培训和就业创业服务。为就业困难残疾人提供就业援助和就业补助。实现城镇新增 50 万残疾人就业。公共就业服务机构和基层网点将残疾人作为重点服务对象。各级残疾人就业服务机构加强绩效管理，提高服务的针对性和有效性，发挥服务示范作用。加强残疾人教育机构、就业服务机构和用人单位之间的转衔服务。完善残疾人就业创业网络服务平台，加快推进残疾人就业创业服务信息化，实现部门间和区域内残疾人就业信息互联互通。建立高校残疾人毕业生数据库，推进就业见习、实习，提供重点帮扶。继续举办全国残疾人职业技能竞赛暨全国残疾人展能节，组团参加国际残疾人职业技能竞赛。消除影响残疾人平等就业的制度障碍。加强劳动保障监察，依法查处违法行为。

**专栏3　残疾人就业增收重点项目**

1. 残疾人职业技能提升计划

有就业意愿和相应能力的残疾人普遍得到就业创业培训；技能岗位的残疾人普遍得到岗位技能提升培训。

2. 农村残疾人"阳光扶贫基地"和实用技术培训项目

扶持一批带动辐射能力强、经营管理规范、具有一定规模的农村残疾人"阳光扶贫基地"，安置和带动残疾人稳定就业、生产增收；为中西部地区 50 万名农村贫困残疾人提供实用技术培训。

3. 农村基层党组织助残扶贫工程

全国农村基层党组织结对帮扶贫困残疾人家庭，帮助改善基本生活条件，扶持发展生产，实现稳定脱贫。

4. 党政机关按比例安排残疾人就业推进项目

推动各级党政机关、政府残工委成员单位及其所属单位（机构）普遍按比例安排残疾人就业。

5. 残疾人创业孵化示范基地和文化创意产业基地建设项目

建立一批残疾人创业孵化示范基地，为残疾人创业者提供低成本、便利化、全要素、开放式的综合服务平台和发展空间。扶持一批吸纳较多残疾人从业、具有较好市场发展前景的残疾人文化创意产业基地。

6. 残疾人辅助性就业示范机构建设项目

扶持 100 所残疾人辅助性就业示范机构，为有就业意愿和相应能力的残疾人提供辅助器具和无障碍环境支持，促进职业重建，辐射带动各县（市、区）普遍建立一所残疾人辅助性就业机构。

7. 支持性就业推广项目

扶持建设残疾人就业辅导员培训专业机构，培训 2500 名就业辅导员，帮助更多智力、精神残疾人实现支持性就业。

8. 低收入残疾人就业补助项目

对公益性岗位就业、辅助性就业、灵活就业及就业年龄段内暂时未能就业，收入达不到最低工资标准、生活确有困难的残疾人予以救济补助。

（三）提升残疾人基本公共服务水平。

1. 强化残疾预防。制定实施国家残疾预防行动计划。加强残疾预防工作组织领导，加大残疾预防人才培养、设施设备和工作经费投入力度。广泛开展以社区和家庭为基础、以一级预防为重点的三级预防工作。推动建立完善筛查、诊断、随报、评估一体化的残疾监测网络，形成统一的残疾报告制度。针对遗传、疾病、意外伤害等主要致残因素，实施重点干预工程。加强出生缺陷综合防治，建立覆盖城乡居民，涵盖孕前、孕期、新生儿各阶段的出生缺陷防治服务制度。加强残疾预防宣传，广泛开展残疾预防"进社区、进校园、进家庭"宣传教育活动，增强全社会残疾预防和康复的意识与能力。探索建立残疾风险识别和预防干预技术体系，制定完善相关技术规范和标准。

2. 保障残疾人基本康复服务需求。制定实施《残疾预防和残疾人康复条例》。以残疾儿童和持证残疾人为重点，采取多种形式，实施精准康复，为残疾人提供基本康复服务。继续实施残疾儿童抢救性康复、贫困残疾人辅助器具适配、防盲治盲、防聋治聋等重点康复项目。加强康复医疗机构建设，健全医疗卫生、特殊教育等机构的康复服务功能。加强残疾人专业康复机构建设，建立医疗机构与残疾人专业康复机构双向转诊制度。加强残疾人健康管理和社区康复，依托专业康复机构指导社区和家庭为残疾人实施康复训练，推动基层医疗卫生机构普遍开展残疾人医疗康复。建设康复大学，加快康复高等教育发展和专业人才培养。

3. 加强辅助器具推广和适配服务。扶持便利、经济、实用、舒适、环保、智能辅助器具研发生产，推广个性化辅助器具适配服务，普及助听器、助视器、假肢、轮椅、拐杖等残疾人急需的辅助器具。充分发挥残联、民政、卫生等系统和社会力量的作用，构建多元化的辅助器具服务网络。发挥国家及区域残疾人辅助器具服务资源中心作用，提升残疾人辅助器具服务机构规范化水平。鼓励高等院校、科研机构、企业、社会组织等参与辅助器具研发、生产、流通、适配、租赁和转借服务。

4. 提高残疾人受教育水平。贯彻实施《残疾人教育条例》，依法保障残疾人受教育权利。为家庭经济困难的残疾儿童、青少年提供包括义务教育、高中阶段教育在内的12年免费教育。鼓励特殊教育学校实施学前教育。鼓励残疾儿童康复机构取得办园许可，为残疾儿童提供学前教育。鼓励普通幼儿园接收残疾儿童。进一步落实残疾儿童接受普惠性学前教育资助政策。继续采取"一人一案"方式解决好未入学适龄残疾儿童少年义务教育问题。规范为不能到校学习的重度残疾儿童送教上门服务。加快发展以职业教育为主的残疾人高中阶段教育。各地要加大残疾学生就学支持力度，对符合资助政策的残疾学生和残疾人子女优先予以资助；建立完善残疾学生特殊学习用品、教育训练、交通费等补助政策。大力推行融合教育，建立随班就读支持保障体系，在残疾学生较多的学校建立特殊教育资源教室，提高普通学校接收残疾学生的能力，不断扩大融合教育规模。完善中高等融合教育政策措施，中等职业学校、普通高校在招生录取、专业学习、就业等方面加强对残疾学生的支持保障服务。制定实施残疾青壮年文盲扫盲行动计划，全面开展残疾青壮年文盲扫盲工作。

5. 巩固特殊教育发展基础。落实好特殊教育提升计划。继续改善特殊教育学校办学条件，依托现有具备条件的特殊教育学校，加强对普通学校实施融合教育的指导和支持。加强残疾人中高等特殊教育职业院校建设。各省（区、市）要在现有编制总量内，落实特殊教育学校开展正常教学和管理工作所需编制，配足配齐教职工。对适合社会力量提供的教学辅助和工勤等服务，鼓励探索采用政府购买服务等方式解决。改革特教教师培养模式，培养一批复合型特教教师。鼓励有条件的师范院校开设特殊教育必修课程，加强高等院校特殊教育专业建设，发挥南京特殊教育师范学院和北京师范大学、华东师范大学的特殊教育院系等骨干特教师资培养作用。完善特教教师收入分配激励机制。深化特殊教育课程改革，组织编写新课程标准教材，提高特殊教育教学质量和水平。提高特殊教育信息化水平，利用网络远程教育资源，为残疾人提供方便快捷的受教育机会。组织实施《国家手语和盲文规范化行动计划（2015—2020年）》，推广国家通用手语和通用盲文，提高手语、盲文信息化水平。支持国家手语盲文研究中心和推广中心发挥作用。开展听力、视力残疾人普通话水平测试工作，加强手语主持研究和人才培养。建立手语翻译培训、认证、派遣服务制度。

6. 丰富残疾人文化体育生活。将残疾人作为公共文化体育服务的重点人群之一，公共文化惠民工程、全民健身工程、全民阅读工程、公共文化体育服务机构和基层综合性文化服务中心要提供适合残疾人的服务内容和活动项目。有条件的市（地）、县（市、区）

公共图书馆设立盲人阅览室，配置盲文图书、有声读物、大字读物及阅读辅助设备。开展残疾人文化周、残疾人阅读推广等群众性文化活动。扶持盲文读物、有声读物、残疾人题材图书和音像制品出版。继续建设中国残疾人数字图书馆和移动数字图书馆，通过建设中国盲人数字图书馆构建盲文数字出版和数字有声读物资源平台。开展残疾人特殊艺术项目发掘保护，加强特殊艺术人才培养，扶持特殊艺术团体建设和创作演出。支持创作、出版残疾人文学艺术精品力作，培育残疾人文化艺术品牌。

实施"残疾人体育健身计划"，推动残疾人康复体育和健身体育广泛开展。创编、推广残疾人康复体育和健身体育项目，研发适合不同类别和等级残疾人使用的小型体育器材，推动残疾人体育进社区、进家庭。加强特教学校体育教学和课外体育锻炼。促进残奥、特奥、聋奥运动均衡发展。办好全国第十届残运会暨第七届特奥会。加强残疾人运动员队伍培养、管理、教育和保障，提高残疾人体育竞技水平，力争在巴西里约热内卢、日本东京残奥会等重大国际赛事中再创佳绩。实施"冬季残奥项目振兴计划"，推动残疾人冰雪运动发展，提高残疾人冬季残奥运动项目的参与率和竞技水平。积极备战北京 2022 年冬季残奥会。

7. 全面推进无障碍环境建设。贯彻落实《无障碍环境建设条例》，完善无障碍环境建设政策和标准，加强无障碍通用产品和技术的研发应用。确保新（改、扩）建道路、建筑物和居住区配套建设无障碍设施，加快推进政府机关、公共服务、公共交通、社区等场所设施的无障碍改造。公共交通工具逐步配备无障碍设备，公共停车区按规定设立无障碍停车位。加强无障碍设施日常维护管理和监督使用，改进方便残疾人交通出行的服务举措。制定推广家居无障碍通用设计。加大贫困重度残疾人家庭无障碍改造工作力度。开展无障碍环境市县村镇创建工作。

大力推进互联网和移动互联网信息服务无障碍，鼓励支持服务残疾人的电子产品、移动应用软件（APP）等开发应用。推进政府信息以无障碍方式发布，地市级以上政府新闻发布会逐步增加通用手语服务，公共服务机构、公共场所和公共交通工具为残疾人提供语音和文字提示、手语、盲文等信息交流无障碍服务。鼓励省（区、市）、市（地）电视台开设手语栏目，逐步推进影视剧和电视节目加配字幕。加快推进食品药品信息识别无障碍。扶持导盲犬业发展。特殊教育、托养等残疾人集中的机构和相关行业系统制定自然灾害和紧急状态下残疾人无障碍应急管理办法，加强残疾人无障碍应急救助服务。

8. 建立残疾人基本公共服务标准体系。加快制定残疾人基本公共服务国家标准体系。制定实施残疾人康复、辅助器具、教育、就业服务、托养、盲人医疗按摩等服务机构设施建设、设备配置、人员配备、服务规范、服务质量评价等标准，加强绩效考评，提高服务制度化、均等化、专业化水平。培育建立残疾人服务品牌。

**专栏 4　残疾人基本公共服务重点项目**

1. 残疾人社区康复服务项目

为有需求的残疾人普遍建立康复服务档案，提供康复评估、训练、心理疏导、护理、生活照料、辅具适配、咨询、指导和转介等服务。

2. 残疾儿童、青少年教育项目

逐步提高残疾儿童学前教育普及水平，适龄听力、视力、智力残疾儿童少年接受义务教育比例达到95%，完成义务教育且有意愿的残疾学生都能接受适宜的中等职业教育。

3. 残疾人中等职业教育和高中阶段教育示范项目

依托现有特殊教育和职业教育资源，每个省（区、市）集中力量办好至少一所面向全省（区、市）招生的残疾人中等职业学校、一所盲生高中、一所聋生高中；改善残疾人中等职业学校办学条件，加强实训基地建设，提高教育教学质量。

4. 残疾青壮年文盲扫盲项目

依托特殊教育、成人教育和残疾人集中就业等机构，结合残疾人职业培训、农村残疾人实用技术培训、托养服务和辅助性就业服务等开展残疾青壮年文盲扫盲工作。

5. 国家通用手语和通用盲文研究推广项目

开展国家通用手语和通用盲文研究与推广，建立国家通用手语、通用盲文语料库与标准化协同工作平台。

6. 文化进家庭"五个一"项目

帮助中西部和农村地区 10 万户贫困、重度残疾人家庭每年读一本书、看一次电影、游一次园、参观一次展览、参加一次文化活动。

7. 残疾人体育健身计划

建成一批残疾人体育健身示范点，创编普及一批适合残疾人的体育健身项目，巩固培养残疾人社会体育指导员队伍，为 10 万户重度残疾人家庭提供康复体育器材、方法和指导进家庭服务。

8. 信息无障碍促进项目

加强政府和公共服务机构网站无障碍改造，推进电信业务经营者、电子商务企业等为残疾人提供信息无障碍服务；窗口服务行业开展学习通用手语活动，推动在全国大中城市建设聋人信息中转服务平台。

（四）依法保障残疾人平等权益。

1. 完善残疾人权益保障法律法规体系。社会建设和民生等领域立法过程应听取残疾人和残疾人组织意见。加快残疾人保障法配套行政法规立法进程，研究修订《残疾人就业条例》，开展残疾人社会福利、教育、盲人按摩、反残疾歧视等立法研究。促进地方残疾人权益保障立法和优惠扶助政策制定。建立残疾人权益保障法律、法规、规章信息公开系统。

2. 加大残疾人权益保障法律法规的宣传执行力度。将残疾人保障法等相关法律法规宣传教育作为国家"七五"普法重要任务。积极开展议题设置，运用互联网和新媒体加大普法宣传力度。开展残疾人学法用法专项行动，提高残疾人对相关法律法规政策的知晓度和维权能力。政府部门要带头落实残疾人权益保障法律法规，依法开展残疾人工作，依法维护残疾人权益。企事业单位、社会组织和公众要认真履行扶残助残的法定义务。配合各级人大、政协开展执法检查、视察和调研，促进残疾人权益保障法律法规的有效实施。严厉打击侵犯残疾人合法权益的违法犯罪行为。

3. 创新残疾人权益保障机制。推动建立残疾人权益保障协商工作机制。拓宽残疾人和残疾人组织民主参与渠道，有效发挥残疾人、残疾人亲友和残疾人工作者人大代表、政协委员在国家政治生活中的重要作用。大力推进残疾人法律救助，帮助残疾人及时获得法律援助、法律服务和司法救助，扩大残疾人法律援助范围。办好12385残疾人服务热线和网络信访平台，实现12110短信报警平台的全覆盖和功能提升。建立完善残疾人权益保障应急处置机制。

（五）凝聚加快残疾人小康进程的合力。

1. 大力发展残疾人慈善事业。倡导鼓励公众、企事业单位、社会组织和群团组织帮扶贫困残疾人、捐助残疾人事业，兴办医疗、康复、特殊教育、托养照料、社会工作等服务机构和设施。积极培育扶持助残社会组织健康发展，支持引导其开展助残活动。培育壮大"集善工程"等残疾人慈善事业品牌，建立调动社会力量帮扶残疾人的机制和平台。进一步鼓励和规范网络助残慈善活动。

2. 有效开展志愿助残服务。开展"志愿助残阳光行动"、"邻里守望"等群众性助残活动，为残疾人提供扶贫解困、生活照料、支教助学、社区导医、文化体育、出行帮助等服务。完善助残志愿者招募注册、服务记录、组织管理、评价激励、权益维护和志愿服务供需对接等机制，推行结对接力等服务方式，促进志愿助残服务常态化、制度化、专业化和有效化。

3. 加快发展残疾人服务业。完善落实残疾人服务业的市场准入、用地保障、投融资、人才引进等扶持政策。着力推动残疾人辅助器具、康复护理、托养照料、生活服务、无障碍产品服务等产业发展，使残疾人康复护理、托养照料和生活服务产业形成一定规模；辅助器具、无障碍产品研发制造水平有较大提升，具有自主知识产权产品、自主品牌市场占有率大幅提高。针对残疾人面临的意外伤害、康复护理、托养等问题，鼓励信托、保险公司开发符合残疾人需求的金融产品。大力发展残疾人服务中小企业，扶持一批残疾人服务龙头企业。加强残疾人服务行业管理，健全行业管理制度，依法成立行业组织，营造公平有序的市场环境。支持有条件的地方探索建立残疾人服务业支持政策和服务标准。

4. 加大政府购买助残服务力度。将残疾人基本公共服务作为政府购买服务的重点领域，以残疾人康复护理、托养照料、生活服务、扶贫解困、职业培训、就业创业服务、专业社会工作服务、家居无障碍环境改造等为重点，逐步完善政府购买助残服务指导性目录，扩大购买规模。强化事前、事中和事后监管，加强对政府购买助残服务的质量监控和绩效考评，实现政府购买服务促进专业服务组织发展、扩大服务供给、提高服务质量效益的综合效应。

5. 营造良好的扶残助残社会环境。结合培育和践行社会主义核心价值观，进一步加强和改进残疾人事业宣传工作。充分利用报刊、广播、电视和互联网等媒体，鼓励支持残疾人组织借助微博、微信和移动客户端及有关移动新媒体，大力弘扬人道主义思想、扶残助残的中华民族传统美德和残疾人"平等、参与、共享、融合"的现代文明理念，营造理解、尊重、关心、帮助残疾人的社会环境。加强对残疾儿童家长的指导支持，为残疾儿童成长提供良好的家庭环境。

6. 加强残疾人事务国际交流合作。广泛传播《残疾人权利公约》的理念，完善履约工作机制。主动参与落实联合国2030年可持续发展议程。支持康复国际等国际残疾人组织发展。充分发挥亚太经济合作组织（APEC）残疾人事务合作机制作用，继续在亚欧会议框架下推动残疾人事务合作，围绕"一带一路"发展战略加强南北合作、深化南南合作，促进残疾人事务的对外开放与交流合作，学习借鉴国际残疾人事务的有益经验，助力残疾人小康进程。

四、保障条件

（一）充分发挥政府主导作用。

地方各级政府要将加快残疾人小康进程纳入全面建成小康社会大局、纳入重要议事日程，列为政府目标管理和绩效考核内容。主要领导负总责，分管领导具体负责，政府常务会议每年至少研究一次推进残疾人小康进程工作。坚持政府主导、社会参与、残疾人组织充分发挥作用的工作机制，各级政府残疾人工作委员会加强统筹协调，各部门、各单位进一步明确责任，形成齐抓共管、各负其责、密切配合的工作局面。

（二）建立多元投入格局。

各级财政继续加大对残疾人民生保障和残疾人事业的投入力度，按照支出责任合理安排所需经费。充分发挥社会力量作用，鼓励采用政府和社会资本合作模式，形成多渠道、全方位的残疾人事业资金投入格局。

（三）加强基础设施和服务机构建设。

统筹规划城乡残疾人服务设施建设，新型城镇化进程中要配套建设残疾人服务设施，实现合理布局。继续实施残疾人康复和托养设施建设项目，扩大覆盖范围。加强残疾人就业、盲人医疗按摩等设施建设和设备配置。研究制定残疾人服务机构用地、资金、技术、人才、管理等优惠扶持政策。加强残疾人服务机构能力建设，开展资质等级评估，建立可持续发展的管理运行机制。

（四）加快专业人才队伍和基础学科建设。

完善残疾人服务相关职业和职种，完善残疾人服务专业技术人员和技能人员职业能力评价办法，加快培养残疾人服务专业人才队伍。按照国家有关规定落实对为残疾人服务工作人员的工资待遇倾斜政策。加强残疾人口学、康复医学、特殊教育、手语、盲文、残疾人体育、残疾人社会工作等基础学科建设。深化中国特色残疾人事业理论与实践研究。

（五）强化科技创新和信息化建设。

通过国家科技计划（专项、基金等）支持符合条件的残疾人服务科技创新应用，实施"互联网+科技助残"行动。提高残疾人事业信息化水平，加强对残疾人人口基础数据、服务状况和需求专项调查数据、残疾人事业统计数据、残疾人小康进程监测数据的综合管理和动态更新，加强与国家人口基础信息、相关政府部门数据资源的交换共享。加强"中国残疾人服务网"建设，推动"互联网+助残服务"模式的创新应用。加快推进智能化残疾人证试点。

（六）增强基层综合服务能力。

实施县域残疾人服务能力提升项目，构建县（市、区）、乡镇（街道）、村（居）三级联动互补的基层残疾人基本公共服务网络。建立健全县级残疾人康复、托养、职业培训、辅助器具适配、文化体育等基本公共服务平台，辐射带动乡镇（街道）、村（居）残疾人工作开展。以社区为基础的城乡基层社会管理和公共服务平台加强对残疾人的权益保障和基本公共服务。加强残疾人社会工作和残疾人家庭支持服务。严格规范残疾等级评定和残疾人证发放管理，进一步简化办证流程。支持各类社会组织、社会工作服务机构、志愿服务组织到城乡社区开展助残服务。

（七）协调推进城乡区域残疾人小康进程。

在城乡发展一体化进程中加快促进农村残疾人增收，切实改善农村残疾人基本公共服务，鼓励引导城市残疾人公共服务资源向农村延伸。新型城镇化进程中确保把符合条件的农业转移人口中的残疾人转为城镇居民，确保进城残疾人享有社会保障、基本公共服务并做好就业扶持。逐步实现残疾人基本公共服务由户籍人口向常住人口扩展。加大对革命老区、民族地区、边疆地区和贫困地区残疾人事业的财政投入和公共资源配置力度，政策、资金、项目向西藏和四省藏区、新疆等地倾斜。促进京津冀残疾人社会保障和基本公共服务协同创新发展，鼓励长三角、珠三角等发达地区发挥先行先试和引领示范作用。将残疾人工作作为重点内容纳入对口支援总体部署，加大支援力度。

（八）充分发挥残疾人组织作用。

残疾人组织是推进残疾人小康进程不可或缺的重要力量。各级残联要按照《中共中央关于加强和改进党的群团工作的意见》的要求，进一步加强自身建设，切实增强政治性、先进性、群众性，自觉防止机关化、行政化、贵族化、娱乐化，依法依章程切实履行"代表、服务、管理"职能。建立残疾人基本服务状况和需求信息动态更新机制，反映残疾人的呼声愿望，协助政府做好有关法规、政策、规划、标准的制定和行业管理。实施残疾人组织建设"强基育人工程"，进一步扩大残疾人组织覆盖面，提升县域残疾人组织治理能力，改善工作条件，解决好待遇问题。支持残疾人专门协会和村（社区）残疾人协会开展服务残疾人和维护残疾人合法权益工作，加强经费、场地、人员等工作保障。壮大专兼结合的残联干部队伍，加大对残联干部的培养、交流和使用力度，提升残联干部思想政治素质和代表、服务、管理能力。探索通过设立残疾人公益性岗位等方式，加强基层残疾人专职委员队伍建设，改善保障条件，充分发挥其作用。广大残疾人工作者要恪守"人道、廉洁、服务、奉献"的职业道德，增强服务意识，强化职业素质，做残疾人的贴心人，全心全意为残疾人服务。鼓励广大残疾人自尊、自信、自强、自立，不断增强自我发展能力，积极参与和融入社会，在全面建成小康社会进程中建功立业，与全国人民一道创造更加幸福美好的生活。

**专栏5　保障条件和服务能力建设重点项目**

1. 残疾人服务设施建设项目

支持省、市、县级残疾人康复设施和市、县级残疾人托养设施建设；尚未建设残疾人综合服务设施的县（市、区），可随康复和托养设施配建县级残疾人综合服务设施。

2. 残疾人服务专业人才培养项目

加快建立残疾人康复、特殊教育、就业服务、托（供）养服务、文化体育、维权和社会工作等方面的专业人才队伍，培养一批残疾人服务领域的领军人才、实用型专业人才和创新型团队。

3. "互联网+科技助残"行动

加强残疾预防和康复相关科研基地（平台）建设；开展基于大数据和互联网的残疾人服务平台及示范应用、新一代智能辅具装备与产品研发示范、主要致残原因机理及预防干预技术等研究。

4. "互联网+助残服务"平台建设项目

完善残疾人人口基础信息和残疾人基本服务需求信息数据管理系统；依托"中国残疾人服务网"，以全国残疾人就业创业网络服务平台为重点，逐步建立残疾人基本公共服务"网上受理—协同办理—监督评价"的新型服务模式。

5. 志愿助残服务示范项目

实施1000个志愿助残服务示范项目，支持助残志愿服务组织与残疾人、残疾人家庭和残疾人服务机构开展长期结对服务，推动志愿助残服务的项目化运作和制度化管理，提升专业化水平。

6. 助残社会组织培育项目

采取政府购买服务、设立公益性岗位、提供管理和人员培训等方式，对符合条件的助残社会组织和专业服务组织给予扶持培育。

7. 县域残疾人服务能力提升项目

完善县域残疾人工作机制，落实残疾人优惠扶持政策，建立健全残疾人基本公共服务平台，全面开展残疾人基本服务需求信息动态更新、服务提供、转介和监督评估等工作，为基层提供人员培训、技术指导等支持。

8. "温馨家园"社区服务示范项目

依托社区综合服务设施，建立一批"温馨家园"残疾人社区服务站，开展残疾人康复、照料、助学、辅助性就业、无障碍改造、文化体育、社会工作等服务。

9. 中国特色残疾人事业研究项目

通过国家社科基金、留学基金和高等院校社科项目等支持残疾人事业理论与实践研究，系统总结中国特色残疾人事业发展经验，不断推进残疾人事业理论创新和成果转化，为加快残疾人小康进程提供理论支撑。

五、纲要实施和监测评估

实施好本纲要是各级政府和全社会义不容辞的责任。各地区要依据本纲要制定当地残疾人事业"十三五"规划或加快残疾人小康进程规划，各部门要根据职责制定配套实施方案。各地区、各部门要将本纲要的主要任务指标纳入当地国民经济和社会发展总体规划及专项规划，统筹安排、同步实施，确保纲要确定的各项任务落到实处。

各级政府残疾人工作委员会及相关部门要对纲要执行情况进行督查、监测和跟踪问效，开展第三方评估，及时发现和解决执行中的问题。省级以上人民政府残疾人工作委员会在"十三五"中期和期末对纲要实施情况进行考核、绩效考评，并将结果向社会公开，对先进典型予以表彰。

**附件**

## 重点任务分工

| 序号 | 工作任务 | 负责单位 |
|------|----------|----------|
| 1 | 生活困难、靠家庭供养且无法单独立户的成年无业重度残疾人，经个人申请，可按照单人户纳入最低生活保障范围 | 民政部、财政部、中国残联 |
| 2 | 全面实施困难残疾人生活补贴制度和重度残疾人护理补贴制度 | 民政部、财政部、中国残联 |
| 3 | 建立残疾儿童康复救助制度 | 中国残联、民政部、财政部、国家卫生计生委、教育部 |
| 4 | 制定实施盲人、聋人特定信息消费支持政策 | 中国残联、工业和信息化部、财政部 |
| 5 | 落实符合条件的贫困和重度残疾人参加城乡居民社会保险个人缴费资助政策，帮助残疾人按规定参加各项社会保险 | 人力资源社会保障部、国家卫生计生委、财政部、民政部、中国残联 |
| 6 | 优先保障残疾人基本住房。到2020年完成农村贫困残疾人家庭存量危房改造任务 | 住房城乡建设部、财政部、中国残联 |

续表

| 序号 | 工作任务 | 负责单位 |
|---|---|---|
| 7 | 继续实施"阳光家园计划"。为盲、聋、智障等残疾老人提供养老服务 | 中国残联、财政部、民政部 |
| 8 | 确保农村贫困残疾人如期脱贫，将残疾人减贫成效纳入地方各级政府扶贫开发工作成效考核范围 | 国务院扶贫办、财政部、民政部、中国残联 |
| 9 | 各级党政机关、事业单位、国有企业带头招录（聘）和安置残疾人就业。研究建立用人单位按比例安排残疾人就业公示制度 | 中国残联、人力资源社会保障部、财政部、国务院国资委 |
| 10 | 落实税收优惠政策，稳定发展残疾人集中就业 | 财政部、税务总局、民政部、中国残联 |
| 11 | 建立一批残疾人创业孵化示范基地。鼓励残疾人利用网络就业创业。扶持残疾人社区就业、居家就业 | 中国残联、人力资源社会保障部、工业和信息化部、商务部、民政部 |
| 12 | 大力发展残疾人辅助性就业和多种形式就业。发展残疾人支持性就业。扶持残疾人亲属就业创业，实现零就业残疾人家庭至少有一人就业 | 中国残联、人力资源社会保障部、财政部 |
| 13 | 实施残疾人职业技能提升计划。为就业困难残疾人提供就业援助和就业补助。推进高校残疾人毕业生就业见习、实习 | 人力资源社会保障部、教育部、财政部、中国残联 |
| 14 | 制定实施国家残疾预防行动计划。广泛开展三级预防，实施重点干预工程 | 中国残联、国家卫生计生委、公安部、人力资源社会保障部、民政部、财政部等 |
| 15 | 继续实施残疾儿童抢救性康复、贫困残疾人辅助器具适配、防盲治盲、防聋治聋等重点康复项目。加强残疾人健康管理和社区康复 | 中国残联、财政部、国家卫生计生委、民政部 |

| 序号 | 工作任务 | 负责单位 |
| --- | --- | --- |
| 16 | 建设康复大学，加快康复高等教育发展和专业人才培养 | 中国残联、人力资源社会保障部、国家发展改革委、财政部、国家卫生计生委、教育部、有关地方政府 |
| 17 | 扶持辅助器具研发生产，推广个性化辅助器具适配服务，普及残疾人急需的辅助器具 | 中国残联、民政部、科技部、国家卫生计生委、工业和信息化部、财政部 |
| 18 | 为家庭经济困难的残疾儿童、青少年提供包括义务教育、高中阶段教育在内的 12 年免费教育。继续改善特殊教育学校办学条件，完善特教教师收入分配激励机制，提高特殊教育教学质量和水平 | 教育部、人力资源社会保障部、民政部、国家发展改革委、财政部、中国残联 |
| 19 | 制定实施残疾青壮年文盲扫盲行动计划，全面开展残疾青壮年文盲扫盲工作 | 中国残联、教育部 |
| 20 | 组织实施《国家手语和盲文规范化行动计划（2015—2020 年）》，推广国家通用手语和通用盲文 | 中国残联、教育部、新闻出版广电总局、国家语委 |
| 21 | 扶持盲文读物、有声读物、残疾人题材图书和音像制品出版。实施文化进家庭"五个一"项目 | 文化部、新闻出版广电总局、中国残联 |
| 22 | 实施"残疾人体育健身计划"和"冬季残奥项目振兴计划" | 中国残联、体育总局 |
| 23 | 公共交通工具逐步配备无障碍设备，改进方便残疾人交通出行的服务举措。制定推广家居无障碍通用设计。大力推进互联网和移动互联网信息服务无障碍 | 住房城乡建设部、工业和信息化部、公安部、交通运输部、中央网信办、中国残联 |

| 序号 | 工作任务 | 负责单位 |
|------|----------|----------|
| 24 | 建立残疾人基本公共服务标准体系，培育建立残疾人服务品牌 | 中国残联、国家发展改革委、质检总局、民政部 |
| 25 | 研究修订《残疾人就业条例》，开展残疾人社会福利、教育、盲人按摩、反残疾歧视等立法研究 | 中国残联、人力资源社会保障部、教育部、民政部、国务院法制办 |
| 26 | 将残疾人保障法等法律法规纳入国家"七五"普法规划。开展残疾人学法用法专项行动 | 司法部、中国残联 |
| 27 | 扩大残疾人法律援助范围。办好12385残疾人服务热线和网络信访平台。建立完善残疾人权益保障应急处置机制 | 司法部、公安部、中国残联 |
| 28 | 大力发展残疾人慈善事业，有效开展志愿助残服务，积极培育扶持助残社会组织健康发展，建立调动社会力量帮扶残疾人的机制和平台。鼓励和规范网络助残慈善活动 | 民政部、中央网信办、共青团中央、中国残联 |
| 29 | 完善落实残疾人服务业扶持政策，推动残疾人辅助器具、康复护理、托养照料、生活服务、无障碍产品服务等产业发展。加强残疾人服务行业管理 | 中国残联、国家发展改革委、民政部 |
| 30 | 逐步完善政府购买助残服务指导性目录，扩大购买规模。强化事前、事中和事后监管 | 财政部、民政部、中国残联 |
| 31 | 大力弘扬人道主义思想、扶残助残的中华民族传统美德和残疾人"平等、参与、共享、融合"的现代文明理念，营造理解、尊重、关心、帮助残疾人的社会环境。为残疾儿童成长提供良好的家庭环境 | 中央宣传部、文化部、新闻出版广电总局、中央网信办、共青团中央、全国妇联、中国残联 |

续表

| 序号 | 工作任务 | 负责单位 |
|------|---------|---------|
| 32 | 支持省、市、县级残疾人康复设施和市、县级残疾人托养设施建设；尚未建设残疾人综合服务设施的县（市、区），可随康复和托养设施配建县级残疾人综合服务设施 | 国家发展改革委、民政部、中国残联、财政部、地方各级政府 |
| 33 | 研究制定残疾人服务机构优惠扶持政策，开展资质等级评估 | 中国残联、民政部、国家发展改革委 |
| 34 | 通过国家科技计划（专项、基金等）支持符合条件的残疾人服务科技创新应用，实施"互联网+科技助残"行动 | 科技部、财政部、民政部、中国残联 |
| 35 | 完善残疾人人口基础信息和残疾人基本服务需求信息数据管理系统，推动"互联网+助残服务"模式的创新应用 | 中国残联、国家发展改革委、工业和信息化部、国家统计局 |
| 36 | 建立健全县级残疾人基本公共服务平台，构建县（市、区）、乡镇（街道）、村（居）三级联动互补的基层残疾人基本公共服务网络 | 中国残联、国家发展改革委、教育部、民政部、人力资源社会保障部、国家卫生计生委、文化部、财政部、地方各级政府 |

# 辅助器具推广和服务"十三五"实施方案

## 关于印发《辅助器具推广和服务"十三五"实施方案》的通知

各省、自治区、直辖市及计划单列市残联、卫生计生委、民政厅（局）、教育厅（局）、人力资源社会保障厅（局）、质量技术监督局，新疆生产建设兵团残联、卫生局、民政局、教育局、人力资源社会社会保障局、质监局：

为做好"十三五"期间残疾人辅助器具推广和服务工作，根据国务院印发的《"十三五"加快残疾人小康进程规划纲要》，中国残联、国家卫生计生委、民政部、教育部、人力资源社会保障部、国家质检总局联合制定了《辅助器具推广和服务"十三五"实施方案》，现印发给你们，请认真贯彻执行。

中国残联

国家卫生计生委

民政部

教育部

人力资源社会保障部

国家质检总局

2016 年 10 月 9 日

一、背景

辅助器具是帮助残疾人补偿、改善功能，提高生存质量，增强社会生活参与能力最基本、最有效的手段。我国有 8500 万残疾人，逾 1/3 有辅助器具需求。"十二五"期间，通过组织实施辅助器具服务实施方案，为残疾人提供各类辅助器具 600 余万件，培训辅助器具专业服务人员万余人次，覆盖城乡的辅助器具服务网络逐步完善，为残疾人提供个性化辅助器具适配服务的能力进一步提升。

由于工作起步晚、基础薄弱，我国辅助器具推广和服务工作还存在许多突出问题，残疾人的辅助器具服务需求远未普遍满足。全国残疾人基本服务状况和需求专项调查（2015 年）显示，我国有 758 万有辅助器具需求的持证残疾人和残疾儿童未得到基本的辅助器具服务。

为贯彻落实《国务院关于加快推进残疾人小康进程的意见》，进一步做好辅助器具推广和服务工作，根据《"十三五"加快残疾人小康进程规划纲要》，制定本方案。

二、任务目标

到 2020 年，初步建立覆盖城乡的较完善的辅助器具服务网络，形成保障残疾人基本辅助器具服务的政策体系，显著提升辅助器具服务能力，改善服务状况，使有需求的持证残疾人、残疾儿童基本辅助器具适配率达到 80% 以上。

三、主要措施

（一）加强组织领导，完善工作机制。

各级政府将辅助器具推广和服务纳入国民经济和社会发展规划，完善保障政策、服务体系，建立政府主导、部门协作、社会参与的工作机制。

发展改革、财政、卫生计生、人力资源社会保障、民政、教育、质检等部门按职责做好辅助器具产业规划、服务机构建设、服务政策保障、专业人才培养、辅助器具质量监督等工作。

各级残联接受政府委托组织开展辅助器具推广和服务，实施贫困残疾人辅助器具救助项目，协调推进残疾人辅助器具保障政策和服务体系建设。

各级残疾人康复工作办公室负责具体组织实施辅助器具推广和

服务实施方案，做好协调、指导、监督、考核。

（二）健全辅助器具服务保障政策。

将辅助器具适配服务纳入基本公共服务范畴，鼓励有条件的地方研究将基本的治疗性辅助器具逐步纳入基本医疗保险支付范围。

推动建立基本型辅助器具适配补贴制度，对残疾人适配基本型辅助器具给予补贴。中央财政为持证残疾人适配辅助器具提供补贴。各级地方政府加大财政投入，优先保障残疾儿童、持证残疾人获得基本辅助器具适配服务。

（三）健全辅助器具服务体系。

坚持政府主导、社会参与、国家扶持、市场推动，充分发挥残联、民政、卫生计生等系统和社会力量的作用，构建多元化的辅助器具服务网络。大力推广政府购买残疾人辅助器具服务，支持民办辅助器具服务机构发展。

加强国家、区域残疾人辅助器具服务中心建设，着力提升人才培养、科技研发、服务示范等能力。按《残疾人康复机构建设标准》（建标 165—2013）及相关要求，完善省、市、县辅助器具服务中心建设，重点加强县级及以下辅助器具服务设施和能力建设。

大力推进社区辅助器具服务，发挥基层卫生专业人员、社区康复协调员、残疾人、社会组织、志愿者等作用，广泛开展辅助器具需求调查、信息咨询、转介、宣传等。

（四）提升辅助器具服务专业化水平。

加强辅助器具服务人才培养，支持高等学校、职业学校开设辅助器具相关专业或课程。完善辅助器具从业人员职业能力评价办法，推进上岗及认证培训，改善职称评审工作。完善假肢师、矫形器师、听力师等辅助器具工程技术人员及相关从业人员继续教育管理制度，全面开展规范化培训。

加强卫生专业技术人员、社区康复协调员辅助器具知识培训。鼓励建立专项技能实训基地，加强实用辅助器具服务技术的推广。

完善辅助器具服务标准、规范，加强评价、监督，全面推广辅助器具专业化、个性化适配服务。

（五）促进辅助器具产业发展。

完善辅助器具产业发展扶持政策，综合运用财政、税收、金融、土地等手段，引导、鼓励企业、科研机构、高等院校、社会组织等参与辅助器具研发、生产、流通和适配服务。

以信息共享、人才培养、适配服务、产品与技术交易、质量监督、企业孵化、国际合作为核心内容，建设全国辅助器具产业发展促进平台，为辅助器具产品研发、政府采购、人才培养等提供支持。

加强辅助器具科技创新，加大辅助器具关键共性技术、先进实用技术和残疾人亟需辅助器具的研发力度，加快科研成果转化，培育国产化品牌，促进产业升级换代。

加强辅助器具生产和流通领域产品的质量监督检验，完善辅助器具产品标准体系，加强监督抽查，保障产品质量。

（六）推广辅助器具应用。

强化辅助器具服务的供给侧和需求侧的有效衔接和交互作用，以需求为导向，应用大数据、"互联网+"、物联网等手段，推广辅助器具应用。

利用全国"助残日"、"爱耳日"、"爱眼日"等宣传节点，通过广播、电视、报纸、网站、新媒体、知识读本等方式，提高公众对辅助器具的认知，推介辅助器具新产品、新技术、新理念。

办好中国国际福祉博览会，鼓励各地举办辅助器具相关博览会、展销会，为辅助器具信息、产品和技术的交流和推广提供平台。

发布基本型辅助器具产品目录并推广应用，推动辅助器具企业的品牌建设，加强辅助器具生产企业和服务机构的互联互通。

（七）加强辅助器具国际交流合作。

落实亚欧会议框架下残疾人合作暨全球辅助器具产业发展大会精神，促进与亚欧会议成员、"一带一路"沿线国家、东盟及其他国家和地区在政策建设、信息共享、研发创新、标准规范等方面的国际合作。

加强与世界卫生组织、康复国际、国际标准化组织等国际组织的合作，积极采用辅助器具国际标准，实质性参与辅助器具国际标准制定，在推行全球辅助健康技术合作（GATE）中发挥积极作用。

以海峡两岸残疾人交流活动为平台，加强与港澳和台湾地区辅助器具服务工作的互动交流。

鼓励支持国内辅助器具企业、服务机构学习借鉴发达国家经验，引进先进理念、方法、技术，开拓国际国内市场，提升我国辅助器具产业竞争力。

四、经费

（一）中央经费。

用于以贫困持证残疾人基本辅助器具适配为重点的救助服务；用于辅助器具适配服务专业人才培养、机构建设、宣传、教育、推广等。

（二）地方经费。

使用范围与中央经费相同，并保障相关工作经费。

五、检查统计

（一）检查。

2018 年中国残联组织进行残疾人辅助器具服务工作中期检查，2020 年进行全面检查验收。

各地要组织开展辅助器具服务工作第三方绩效评价，上报中期和全面绩效评估报告。

（二）统计。

按照中国残疾人事业统计报表的要求，上报统计数据。

# "十三五"残疾人托养服务工作计划

关于印发《"十三五"残疾人托养服务工作计划》的通知

各省、自治区、直辖市残联，新疆生产建设兵团残联：

为贯彻落实《中共中央国务院关于打赢脱贫攻坚战的决定》《国民经济和社会发展第十三个五年规划纲要》和《国务院关于加快推进残疾人小康进程的意见》有关要求，完善残疾人托养服务体系建设，全面推进残疾人托养服务工作深入发展，提高残疾人托养服务能力，提升残疾人基本公共服务水平，中国残联制定了《"十三五"残疾人托养服务工作计划》，已经理事会议审议通过，现印发给你们，请结合实际认真贯彻执行。

中国残疾人联合会

2016 年 6 月 3 日

一、计划背景

"十二五"期间，通过大力推动骨干示范托养服务机构、日间照料机构和居家服务同步发展，加强托养服务基础设施建设，初步建立起了残疾人托养服务体系基本框架；有关部门共同制定《关于加快发展残疾人托养服务的意见》，明确了发展托养服务的扶持政策，推动了托养服务工作制度建设；中国残联制定了《残疾人托养服务基本规范（试行）》，着力推进托养服务规范化进程；实施"阳光家园计划"和"托养服务能力建设项目"，托养服务规模和能力显著提升。五年来，各级财政投资新建残疾人托养服务设施744 个，中央财政对建成并运营的 400 多个残疾人托养服务设施提供了设备补助，各级各类托养服务机构达到 6352 个，接受过机构托养服务和居家服务的残疾人累计达到 423.5 万人（次）。但是，当前的残疾人托养服务能力与残疾人迫切的托养需求相比仍存在较大差距，服务水平在城乡、地域间也有较大差距，服务标准和评估体系建设、服务供给方式及服务机构运营机制等方面亟需进一步规范完善。

"十三五"期间，残疾人托养服务工作将按照国家加快推进残疾人小康进程的总体规划，以推动建立健全残疾人托养服务基本制度为核心，不断完善残疾人托养服务补贴、购买服务、评估监管和人才培养等制度，加强残疾人托养服务标准化体系建设，积极培育社会力量发展残疾人托养服务，努力为城乡残疾人提供多层次、多元化的托养服务。

二、计划目标

——街道、乡镇普遍建立残疾人日间照料服务平台，鼓励有条件的社区（村）开展残疾人日间照料服务；

——推动残疾人托养服务补贴制度不断完善，有条件的地方建立残疾人托养服务机构运营补贴制度和服务补贴制度；

——加强残疾人托养服务标准化体系建设工作，推动残疾人托养服务国家标准的研究制定；

——持续实施"阳光家园计划"，通过购买服务的方式对 95 万符合条件的智力、精神和重度残疾人（次）接受托养服务给予补助，打造残疾人基本公共服务的"阳光"品牌；

——继续实施"残疾人托养服务能力建设项目"，培训 5000 名残疾人托养服务专业管理和服务人才；

——引导和鼓励社会力量为残疾人提供托养服务，扶持一批社会力量兴办的残疾人托养服务机构稳步发展。

三、计划内容

（一）全面推动残疾人托养服务基本制度建设。

1. 逐步建立健全残疾人托养服务政策支持体系。各地要深入贯彻落实八部门《关于加快发展残疾人托养服务的意见》，积极协调有关部门出台具体实施办法，努力探索在财政补贴、土地使用、税费优惠、公益慈善组织支持、志愿服务等方面形成一系列支持政策，促进残疾人托养服务机构持续健康发展。

2. 推动建立残疾人托养服务补贴制度。支持和推动有条件的地区结合政府购买残疾人服务工作，建立合理的残疾人托养服务机构运行补贴政策，逐步健全机构服务、社区日间照料服务和居家服务补贴政策，研究制定人才培训和教育补贴政策。

3. 进一步加强残疾人托养服务标准化建设。修订残疾人托养服务基本规范，进一步细化残疾人托养寄宿制机构服务、日间照料服务和居家服务基本规范，着力推进残疾人托养服务国家标准和行业标准的研究制定。

4. 加快建立残疾人托养服务绩效评价制度。研究制定残疾人托养服务机构准入标准、服务标准和考核评定标准，逐步在残疾人托养服务工作全过程中引入第三方评估机制，通过公平高效的监督和评价，不断提高残疾人托养服务水平。

（二）持续实施好"阳光家园计划"。

1. 严格确定补助对象。"阳光家园计划"（以下简称"计划"）下拨到各地的中央资金，可向各级各类残疾人托养服务寄宿制机构、日间照料机构及能够为智力、精神和重度残疾人提供居家服务的机构和组织购买托养服务。严禁以直接发放资金方式代替提供服务。

2. 科学确定补助标准。中央专项资金分配将综合考虑各地区财力系数差异、残疾人托养服务需求人口规模、残疾人托养服务上年度工作成效等因素确定。中央补助到各地的专项资金，应该按照每人每年不低于1500元的标准补助到承接服务的机构中。各地应通过财政补助、社会募集等多种渠道筹措"计划"所需资金，提高困难残疾人托养服务补助水平，扩大补助受益人群。"计划"实施过程中实际的购买标准由省级残联会同同级财政部门按照"计划"各项要求，参考中央财政专项资金分配因素，结合本地残疾人托养服务工作进展、服务能力、市场化程度、年度任务分解、资金匹配等因素研究确定。

3. 厘清购买服务内容。中央财政专项资金应用于购买各级各类残疾人托养服务机构为处于就业年龄段的智力、精神和重度肢体残疾人提供的托养服务。托养服务的范围包括为符合条件的残疾人提供基本生活照料和护理、生活自理能力训练、社会适应能力辅导、职业康复和劳动技能训练、辅助性就业服务、支持性就业服务和运动功能训练等方面社会服务。各地应根据实际情况，将以上服务内容进一步细化，省一级应结合实际研究制定本地购买托养服务内容的指导性目录，承接具体服务的机构必须具备相应的服务能力，并符合相关标准与规范。

4. 认真落实购买服务相关技术标准与规范。各地在实施"计划"及推动本地政府购买残疾人托养服务过程中，要认真落实《残疾人托养服务基本规范（试行）》及《政府购买残疾人服务技术标准与规范（试行）》相关规定，编制本地年度实施方案，明确购买服务的对象、标准、目录、购买方式、数量和质量等内容，通过政府采购等方式选定承接托养服务的机构，签订服务合同并按规定开展履约管理及绩效评价。

（三）积极探索残疾人托养服务机构良性运行机制。

1. 分类规范残联兴办的托养服务机构。根据政府机构改革、职能转变的有关精神和培育权利义务清晰的市场主体的需求，各地应积极协商民政、工商行政管理和编制等部门，做好残联兴办的残疾人托养服务机构的登记管理指导工作，根据机构不同的性质办理相关登记，建立残疾人托养服务机构行业管理和登记管理的衔接机制，明确权责，降低管理风险。

2. 积极探索残联兴办托养服务机构的建设和运营模式。各地应坚持"运营规划先于基础设施建设规划"的原则对辖区内残联兴办托养服务机构的建设运营工作进行科学布局。因地制宜、积极尝试民办公助、公建民营、合作建设（PPP 模式）、外包服务（BOT 模式）等方式，吸引社会资金、盘活服务设施、创新运营模式、增加托养服务资源、扩大服务供给。

3. 大力扶持残疾人托养服务社会力量。各地应采取资金、场地、税收、用水用电等优惠扶持政策等措施引导和培育面向残疾人提供托养服务的社会力量发展壮大。"阳光家园计划"中央专项资金应逐步向社会力量延伸，执行第一年度应有不低于 10% 的中央专项资金用于向社会力量购买托养服务，以后每年递增应不少于 5%，2020 年度，应有不低于 30% 的中央专项资金用于向社会力量购买托养服务。

4. 有效对接残疾人辅助性就业。要切实推动残疾人托养服务平台与辅助性就业服务的有机融合，将残疾人托养服务打造成促进辅助性就业的重要平台和载体，使辅助性就业成为推动托养服务创新发展的重要潜能和动力。鼓励企业和社会组织在残疾人托养服务机构中设立残疾人辅助性就业生产工厂（车间）或直接为残疾人托养服务机构中的残疾人提供辅助性劳动项目。

（四）不断加大残疾人托养服务人才培养力度。

1. 继续实施残疾人托养服务能力建设项目。依托中央资金补贴项目支持建立健全托养服务专业培训制度，设立见习培训基地、制定培训规范、编制培训教材，持续大规模、系统化开展残疾人托养服务管理和服务人员专业知识培训，大幅度提升现有从事托养服务人员的专业素质和职业能力，切实提高其职业素质和专业水平，逐步扩大托养服务专业人员队伍规模，探索并初步形成托养服务专业人才培养模式，不断完善托养服务专业人才培训机制。

2. 实施托养服务工作骨干专业人才培养工程。加强托养服务工作学科专业体系建设，有条件的地方依托有关高校或研究机构试点研究制定科学的专业设置标准，发展完善托养服务工作专业教学规范。通过高级研修班、高层次人才培养工程等方式重点培养一批省级骨干型托养服务工作专业人才，发挥他们在区域托养服务政策规划研究、专业培训、评估督导等方面的重要作用。

3. 积极推动托养服务专业岗位设置。各地应按照精简效能、按需设置、循序渐进的原则，研究制定托养服务工作专业岗位设置范围、数量结构、配备比例、职责任务和任职条件，并保障托养服务机构中的社会工作、护理服务、康复、特殊教育、医务等专业技术人员在职业资格评定方面的同等待遇，依法落实和保障托养服务从业人员的工资福利待遇，拓展职业发展通道。

四、工作要求

（一）健全工作机制。

要按照政府主导、部门负责、社会参与、共同监督的要求有序推动残疾人托养服务工作，立足当前实际，制定并落实相关实施方案。要充分发挥残联桥梁纽带作用，与财政等相关职能部门和社会力量兴办的托养服务机构加强沟通协调，支持并培育承接托养服务的社会力量发展壮大。

（二）全面摸清底数。

各地要认真做好各项数据统计之间的比对和分析工作，充分利用残疾人基本服务状况和需求专项调查年度动态数据，全面、清晰地掌握残疾人托养服务需求、从业人员情况和托养服务机构数量及分布情况。

（三）严格监督管理。

严格遵守相关财政财务管理规定，确保中央资金规范管理和及时使用，不得挪用、留滞。要按年度开展检查评估，督促落实情况。要按规定公开相关信息，自觉接受社会监督。要确保承接服务的机构符合政府购买残疾人托养服务机构的各项准入标准，服务过程中应进行实时监督，服务年度和项目执行期限终了应开展绩效考评。

（四）加强宣传培训。

要充分利用互联网时代的新媒体多渠道、多形式开展残疾人托养服务工作的宣传，重点要继承并发扬"阳光家园"品牌多年来在残疾人公共服务领域的良好工作基础，积极发挥"阳光家园"标识（logo）的视觉影响力和公共财政支持的阳光示范项目作用，加强舆论引导，主动回应群众关切，引导社会关注。组织开展多元化、开放式的专业培训，将社会力量适时纳入，努力营造全社会关心、支持并参与残疾人托养服务的良好氛围。

# 国务院关于全面建立困难残疾人生活补贴和
# 重度残疾人护理补贴制度的意见

## 国发〔2015〕52号

各省、自治区、直辖市人民政府，国务院各部委、各直属机构：

残疾人是需要格外关心、格外关注的特殊困难群体。党和政府高度重视残疾人福利保障工作。为解决残疾人特殊生活困难和长期照护困难，国务院决定全面建立困难残疾人生活补贴和重度残疾人护理补贴（以下统称残疾人两项补贴）制度。这是保障残疾人生存发展权益的重要举措，对全面建成小康社会具有重要意义。为此，现提出以下意见：

一、总体要求

（一）指导思想。深入贯彻党的十八大和十八届二中、三中、四中全会精神，按照党中央、国务院决策部署，以协调推进"四个全面"战略布局为统领，以加快推进残疾人小康进程为目标，以残疾人需求为导向，加强顶层制度设计，制定残疾人专项福利政策，逐步完善残疾人社会保障体系。

（二）基本原则。

坚持需求导向，待遇适度。从残疾人最直接最现实最迫切的需求入手，着力解决残疾人因残疾产生的额外生活支出和长期照护支出困难。立足经济社会发展状况，科学合理确定保障标准，逐步提高保障水平。

坚持制度衔接，全面覆盖。注重与社会救助、社会保险、公益慈善有效衔接，努力形成残疾人社会保障合力。做到应补尽补，确保残疾人两项补贴制度覆盖所有符合条件的残疾人。

坚持公开公正，规范有序。建立和完善标准统一、便民利民的申请、审核、补贴发放机制，做到阳光透明、客观公正。加强政策评估和绩效考核，不断提高制度运行效率。

坚持资源统筹，责任共担。积极发挥家庭、社会、政府作用，形成家庭善尽义务、社会积极扶助、政府兜底保障的责任共担格局。

二、主要内容

（一）补贴对象。困难残疾人生活补贴主要补助残疾人因残疾产生的额外生活支出，对象为低保家庭中的残疾人，有条件的地方可逐步扩大到低收入残疾人及其他困难残疾人。低收入残疾人及其他困难残疾人的认定标准由县级以上地方人民政府参照相关规定、结合实际情况制定。重度残疾人护理补贴主要补助残疾人因残疾产生的额外长期照护支出，对象为残疾等级被评定为一级、二级且需要长期照护的重度残疾人，有条件的地方可扩大到非重度智力、精神残疾人或其他残疾人，逐步推动形成面向所有需要长期照护残疾人的护理补贴制度。长期照护是指因残疾产生的特殊护理消费品和照护服务支出持续6个月以上时间。

（二）补贴标准。残疾人两项补贴标准由省级人民政府根据经济社会发展水平和残疾人生活保障需求、长期照护需求统筹确定，并适时调整。有条件的地方可以按照残疾人的不同困难程度制定分档补贴标准，提高制度精准性，加大补贴力度。

（三）补贴形式。残疾人两项补贴采取现金形式按月发放。有条件的地方可根据实际情况详细划分补贴类别和标准，采取凭据报销或政府购买服务形式发放重度残疾人护理补贴。

（四）政策衔接。符合条件的残疾人，可同时申领困难残疾人生活补贴和重度残疾人护理补贴。既符合残疾人两项补贴条件，又符合老年、因公致残、离休等福利性生活补贴（津贴）、护理补贴（津贴）条件的残疾人，可择高申领其中一类生活补贴（津贴）、护理补贴（津贴）。享受孤儿基本生活保障政策的残疾儿童不享受困难残疾人生活补贴，可享受重度残疾人护理补贴。残疾人两项补贴不计入城乡最低生活保障家庭的收入。领取工伤保险生活护理费、纳入特困人员供养保障的残疾人不享受残疾人两项补贴。

三、申领程序和管理办法

（一）自愿申请。残疾人两项补贴由残疾人向户籍所在地街道办事处或乡镇政府受理窗口提交书面申请。残疾人的法定监护人，法定赡养、抚养、扶养义务人，所在村民（居民）委员会或其他委托人可以代为办理申请事宜。申请残疾人两项补贴应持有第二代中华人民共和国残疾人证，并提交相关证明材料。

（二）逐级审核。街道办事处或乡镇政府依托社会救助、社会服务"一门受理、协同办理"机制，受理残疾人两项补贴申请并进行初审。初审合格材料报送县级残联进行相关审核。审核合格材料转送县级人民政府民政部门审定，残疾人家庭经济状况依托居民家庭经济状况核对机制审核。审定合格材料由县级人民政府民政部门会同县级残联报同级财政部门申请拨付资金。

（三）补贴发放。补贴资格审定合格的残疾人自递交申请当月计发补贴。残疾人两项补贴采取社会化形式发放，通过金融机构转账存入残疾人账户。特殊情况下需要直接发放现金的，要制定专门的监管办法，防止和杜绝冒领、重复领取、克扣现象。

（四）定期复核。采取残疾人主动申报和发放部门定期抽查相结合的方式，建立残疾人两项补贴定期复核制度，实行残疾人两项补贴应补尽补、应退则退的动态管理。定期复核内容包括申请人资格条件是否发生变化、补贴是否及时足额发放到位等。

四、保障措施

（一）加强组织领导。各地区、各部门要充分认识全面建立残疾人两项补贴制度的重要性，将其作为保障和改善民生的重要任务，完善政府领导、民政牵头、残联配合、部门协作、社会参与的工作机制。民政部门要履行主管部门职责，做好补贴资格审定、补贴发放、监督管理等工作，推进残疾人两项补贴制度与相关社会福利、社会救助、社会保险制度有机衔接。财政部门要加强资金保障，及时足额安排补贴资金及工作经费，确保残疾人两项补贴制度顺利实施。中央财政通过增加一般性转移支付予以支持。残联组织要发挥"代表、服务、管理"职能作用，及时掌握残疾人需求，严格残疾人证发放管理，做好残疾人两项补贴相关审核工作。

（二）加强制度落实。地方已经实施的残疾人两项补贴制度补贴对象范围小于本意见要求的，要严格按本意见执行，有条件的地方可适当扩大补贴范围。要通过政府购买服务、引导市场服务、鼓励慈善志愿服务等方式，健全补贴与服务相结合的残疾人社会福利体系，促进残疾人服务业发展。

（三）加强监督管理。地方各级人民政府要将残疾人两项补贴工作纳入年度考核内容，重点督查落实情况。残疾人两项补贴资金发放使用情况要定期向社会公示，接受社会监督，财政、审计、监察部门要加强监督检查，防止出现挤占、挪用、套取等违法违规现象。民政部门要会同残联组织定期开展残疾人两项补贴工作绩效评估，及时处理残疾人及其他群众的投诉建议，不断完善相关政策措施，切实维护残疾人合法权益。要统筹建立统一的残疾人两项补贴工作网络信息平台，加强对基本信息的实时监测、比对、归纳分析和动态管理，不断提高工作效率。

（四）加强政策宣传。各地要及时组织学习培训，全面掌握残疾人两项补贴制度精神和内容，正确组织实施残疾人两项补贴工作。要充分利用多种媒介宣传残疾人两项补贴制度，营造良好舆论氛围，引导全社会更加关心、关爱残疾人。要充分考虑残疾人获取信息的特殊要求和实际困难，采用灵活多样形式进行宣传解读，确保残疾人及其家属知晓残疾人两项补贴制度内容，了解基本申领程序和要求。要及时做好残疾人两项补贴政策解释工作，协助残疾人便捷办理相关手续。

残疾人两项补贴制度自 2016 年 1 月 1 日起全面实施。各地要结合实际制定贯彻实施办法，推进落实相关工作。民政部、财政部、中国残联要根据职责，抓紧制定具体政策措施。国务院将适时组织专项督查。

国务院

2015 年 9 月 22 日

# 国务院关于加快推进残疾人小康进程的意见

国发〔2015〕7号

各省、自治区、直辖市人民政府，国务院各部委、各直属机构：

残疾人是一个特殊困难群体，需要格外关心、格外关注。长期以来，党和政府高度重视残疾人事业，大力推动残疾人事业与经济社会协调发展，残疾人收入水平较快增长，受教育程度稳步提高，康复服务不断拓展，权益得到有效维护，残疾人生存发展状况显著改善。但是，目前我国 8500 万残疾人中，还有 1230 万农村残疾人尚未脱贫，260 万城镇残疾人生活十分困难，城乡残疾人家庭人均收入与社会平均水平差距还比较大。没有残疾人的小康，就不是真正意义上的全面小康。保障和改善残疾人民生，加快推进残疾人小康进程，是深入贯彻党的十八大和十八届二中、三中、四中全会精神，全面深化改革、全面推进依法治国的重要举措，是全面建成小康社会、实现共同富裕、促进社会公平正义的必然要求。为加快推进残疾人小康进程，现提出以下意见：

一、总体要求

（一）指导思想。

以邓小平理论、"三个代表"重要思想、科学发展观为指导，健全残疾人权益保障制度，完善残疾人基本公共服务体系，使改革发展成果更多更公平惠及广大残疾人，促进残疾人收入水平大幅提高、生活质量明显改善、融合发展持续推进，让残疾人安居乐业、衣食无忧，生活得更加殷实、更加幸福、更有尊严。

（二）基本原则。

坚持普惠与特惠相结合。既要通过普惠性制度安排给予残疾人公平待遇，保障他们基本的生存发展需求；又要通过特惠性制度安排给予残疾人特别扶助和优先保障，解决他们的特殊需求和特殊困难。

坚持兜底保障与就业增收相结合。既要突出政府责任，兜底保障残疾人基本民生，为残疾人发展创造基本条件；又要充分发挥社会力量和市场机制作用，为残疾人就业增收和融合发展创造更好环境。

坚持政府扶持、社会帮扶与残疾人自强自立相结合。既要加大政府扶持力度、鼓励社会帮扶，进一步解决好残疾人生产生活中存在的突出困难；又要促进残疾人增强自身发展能力，激励残疾人自强自立。

坚持统筹兼顾和分类指导相结合。既要着眼于加快推进残疾人小康进程，尽快缩小残疾人生活状况与社会平均水平的差距；又要充分考虑地区差异，使残疾人小康进程与当地全面小康进程相协调、相适应。

（三）主要目标。

到 2020 年，残疾人权益保障制度基本健全、基本公共服务体系更加完善，残疾人事业与经济社会协调发展；残疾人社会保障和基本公共服务水平明显提高，帮助残疾人共享我国经济社会发展成果。

二、扎实做好残疾人基本民生保障

做好基本民生保障，是解决残疾人基本生活困难，加快残疾人小康进程的必要基础。要进一步完善社会保障制度体系，强化各项保障制度在对象范围、保障内容、待遇标准等方面的有效衔接，在切实保障残疾人基本生活的同时，解决好残疾人的特殊需求和特殊困难。

（一）加大残疾人社会救助力度。对符合城乡最低生活保障条件的残疾人家庭应保尽保，靠家庭供养的成年重度残疾人单独立户的，按规定纳入最低生活保障范围。对纳入特困人员供养范围的残疾人，逐步改善供养条件。对纳入城乡医疗救助范围的残疾人，逐步提高救助标准和封顶线。精神障碍患者通过基本医疗保险支付医疗费用后仍有困难，或者不能通过基本医疗保险支付医疗费用的，应当优先给予医疗救助。社会救助经办机构对于残疾人申请社会救助的，应当及时受理并提供相应便利条件。

（二）建立完善残疾人福利补贴制度。建立困难残疾人生活补贴制度和重度残疾人护理补贴制度。补贴标准要与当地经济社会发展实际和残疾人基本需求相适应，与最低生活保障等制度相衔接。落实低收入残疾人家庭生活用电、水、气、暖等费用优惠和补贴政策。

（三）帮助残疾人普遍参加基本养老保险和基本医疗保险。落实贫困和重度残疾人参加城乡居民基本养老保险、城镇居民医疗保险、新型农村合作医疗个人缴费资助政策，有条件的地方要扩大资助范围、提高资助标准，帮助城乡残疾人普遍按规定加入基本医疗保险和基本养老保险。逐步扩大基本医疗保险支付的医疗康复项目。完善重度残疾人医疗报销制度，做好重度残疾人就医费用结算服务。

（四）优先保障城乡残疾人基本住房。将城镇低收入住房困难残疾人家庭纳入城镇基本住房保障制度。为符合住房保障条件的城镇残疾人家庭优先提供公共租赁住房或发放住房租赁补贴。各地在实施农村危房改造时，同等条件下要优先安排经济困难的残疾人家庭。按照农村危房改造的政策要求，采取制定实施分类补助标准等措施，对无力自筹资金的残疾人家庭等给予倾斜照顾。到 2020 年完成农村贫困残疾人家庭存量危房改造任务。

三、千方百计促进残疾人及其家庭就业增收

促进城乡残疾人及其家庭就业增收，是提高残疾人生活水平，加快残疾人小康进程的关键举措。要加大帮扶力度，努力帮助每一位有劳动能力和就业意愿的城乡残疾人参加生产劳动，使他们通过劳动创造更加幸福美好的生活。

（一）依法推进按比例就业和稳定发展集中就业。各地要建立用人单位按比例安排残疾人就业公示制度。除创业 3 年内、在职职工总数不超过 20 人的小微企业外，对达不到比例要求的严格依法征缴残疾人就业保障金；对超比例安排残疾人就业的，按规定给予奖励。各级党政机关、事业单位、国有企业应当带头招录和安置残疾人就业。完善残疾人集中就业单位资格认定管理办法，搭建残疾人集中就业单位产品和服务展销平台，政府优先采购残疾人集中就业单位的产品和服务，培育扶持吸纳残疾人集中就业的文化创意产业基地。通过税收优惠、社会保险补贴、岗前培训补贴，鼓励用人单位吸纳更多残疾人就业。

（二）大力支持残疾人多种形式就业增收。建立残疾人创业孵化机制，残疾人创办的小微企业和社会组织优先享受国家扶持政策，对其优惠提供孵化服务。对符合条件的灵活就业残疾人，按规定给予税费减免和社会保险补贴，有条件的地方可以帮助安排经营场所、提供启动资金支持。政府开发的公益性岗位优先安排符合就业困难人员条件的残疾人。对残疾人辅助性就业机构的设施设备、无障碍改造等给予扶持，吸纳更多精神、智力和重度肢体残疾人辅助性就业。探索残疾人驾驶符合国家标准的小型汽车在符合驾驶和运营安全要求的前提下，提供城乡社区与地铁站及公交站点间的短距离运输服务。

（三）加大农村残疾人扶贫开发力度。落实好《农村残疾人扶贫开发纲要（2011—2020年）》。把农村贫困残疾人作为重点扶持对象纳入精准扶贫工作机制和贫困监测体系，将农村贫困残疾人生活水平提高和数量减少纳入贫困县考核指标。统筹培训资源，加强培训工作，帮助扶贫对象家庭掌握更多实用技术。加大对农村残疾人扶贫的支持力度，落实好扶贫贷款贴息政策，支持农村残疾人扶贫基地发展和扶贫对象家庭参与养殖、种植、设施农业等增收项目。组织农村贫困残疾人家庭参与合作经济组织和产业化经营，保障残疾人土地承包经营权和土地流转合法收益。

（四）切实加强残疾人就业服务和劳动保障监察。加强全国残疾人就业服务信息网络建设。各级残疾人就业服务机构和公共就业服务机构要免费向残疾人提供职业指导、职业介绍等就业服务，对符合就业困难人员条件的残疾人提供就业援助。残疾人就业保障金对残疾人自主参加的职业培训可以按规定予以补贴。加强劳动保障监察，严肃查处强迫残疾人劳动、不依法与残疾劳动者签订劳动合同、不缴纳社会保险费等违法行为，依法纠正用人单位招用人员时歧视残疾人行为，切实维护残疾人劳动保障权益。

四、着力提升残疾人基本公共服务水平

加强和改进对残疾人的基本公共服务，是改善残疾人生活质量，提高残疾人自我发展能力，加快残疾人小康进程的有力支撑。要进一步健全残疾人基本公共服务体系，强化服务能力，为残疾人融合发展创造更加便利的条件和更加友好的环境。

（一）强化残疾预防、康复等服务。制定实施国家残疾预防行动计划，强化国家基本公共卫生服务，有效控制因遗传、疾病、意外伤害、环境及其他因素导致的残疾发生和发展。逐步建立残疾报告制度，推动卫生计生部门与残联信息共享。建立残疾儿童康复救助制度，逐步实现0—6岁视力、听力、言语、智力、肢体残疾儿童和孤独症儿童免费得到手术、辅助器具配置和康复训练等服务。实施重点康复项目，为城乡贫困残疾人、重度残疾人提供基本康复服务，有条件的地方可以对基本型辅助器具配置给予补贴。建立医疗机构与残疾人专业康复机构双向转诊制度，实现分层级医疗、分阶段康复。依托专业康复机构指导社区和家庭为残疾人实施康复训练，将残疾人社区医疗康复纳入城乡基层医疗卫生机构考核内容。

（二）提高残疾人受教育水平。落实好《特殊教育提升计划（2014—2016年）》及后续行动。特殊教育学校普遍开展学前教育，对残疾儿童接受普惠性学前教育给予资助。切实解决未入学适龄残疾儿童少年义务教育问题，提高残疾人教育普及水平，提升特殊教育教学质量。推行全纳教育，建立随班就读支持保障体系。各地要加大残疾学生就学支持力度，积极推进高中阶段残疾人免费教育；对符合学生资助政策的残疾学生和残疾人子女优先予以资助；建立完善残疾学生特殊学习用品、教育训练、交通费等补助政策。

制定实施国家手语、盲文规范化行动计划，推广国家通用手语和通用盲文，完善残疾考生考试辅助办法。加强特殊教育教师队伍建设，加大对特殊教育学校教师、承担残疾学生教学和管理工作的普通学校教师的培训力度。完善特殊教育教师收入分配激励机制。制定加快发展残疾人职业教育的政策措施，推动发展以职业教育为重点的残疾人高中阶段教育。

（三）强化残疾人服务设施建设。统筹规划城乡残疾人服务设施配套建设，实现合理布局。加强残疾人康复、托养等服务设施建设。推动各县（市、区）建成一批残疾人体育健身示范点，通过社会体育指导员普及一批适合残疾人的体育健身项目。公共文化体育设施和公园等公共场所对残疾人免费或优惠开放，鼓励公共图书馆设立盲人阅览室，配备盲文图书、有声读物和阅听设备。各地对残疾人搭乘公共交通工具，应当根据实际情况给予便利和优惠。

（四）全面推进城乡无障碍环境建设。各地要按照无障碍设施工程建设相关标准和规范要求，对新建、改建设施的规划、设计、施工、验收严格监管，加快推进政府机关、学校、社区、社会福利、公共交通等公共场所和设施的无障碍改造，逐步推进农村地区无障碍环境建设。有条件的地方要对贫困残疾人家庭无障碍改造给予补贴。完善信息无障碍标准体系，逐步推进政务信息以无障碍方式发布、影像制品加配字幕，鼓励食品药品添加无障碍识别标识。鼓励电视台开办手语栏目，主要新闻栏目加配手语解说和字幕。研究制定聋人、盲人特定信息消费支持政策。

五、充分发挥社会力量和市场机制作用

实现残疾人普遍小康，是全社会的共同责任。要在发挥政府主导作用的基础上，充分发挥社会支持作用和市场推动作用，调动更加广泛的社会资源发展残疾人事业，为加快推进残疾人小康进程注入持久动力。

（一）大力发展残疾人慈善事业。鼓励和支持社会公众、社会组织通过捐款捐物、扶贫开发、助学助医等方式，为残疾人奉献爱心，提供慈善帮扶。鼓励以服务残疾人为宗旨的各类公益慈善组织发展，采取公益创投等多种方式，在资金、场地、设备、管理、岗位购买、人员培训等方面给予扶持，引导和规范其健康发展。大力培育"集善工程"等残疾人慈善项目品牌。倡导社会力量兴办以残疾人为服务对象的公益性医疗、康复、特殊教育、托养照料、社会工作服务等机构和设施。

（二）广泛开展志愿助残服务。健全志愿助残工作机制，完善志愿者招募注册、服务对接、服务记录、组织管理、评价激励、权益维护等制度，鼓励更多的人参加志愿助残服务。广泛开展"志愿助残阳光行动"、"万村千乡市场工程助残扶贫"、"手拉手红领巾助残"等群众性助残活动。提倡在单位内部、城乡社区开展群众性助残活动，鼓励青少年参与助残公益劳动和志愿服务。

（三）加快发展残疾人服务产业。充分发挥市场机制作用，加快形成多元化的残疾人服务供给模式，更好地满足残疾人特殊性、多样化、多层次的需求。统筹规划残疾人服务业发展，大力发展残疾人服务中小企业，培育一批残疾人服务龙头企业，在用地、金融、价格等方面给予优惠，在人才、技术、管理等方面给予扶持，支持研发具有自主知识产权的技术和产品。以培育推广残疾人服务品牌和先进技术为重点，加大政府采购力度。完善残疾人服务相关职业设置、专业技术人员和技能人员职业能力水平评价办法，加快培养残疾人服务专业人才。鼓励商业保险公司开发适合残疾人的康复、托养、护理等保险产品。扶持盲人读物、残疾人题材图书和音像制品出版。扶持发展特殊艺术，培育残疾人文化艺术品牌。制定残疾人服务行业管理制度，发挥残疾人服务行业组织自律监督作用，营造公平、有序的市场环境。

（四）加大政府购买服务力度。以残疾人康复、托养、护理等服务为重点，逐步建立完善政府购买服务指导性目录，加大政府购买服务力度，强化事前、事中和事后监管，实现政府购买服务对扩大残疾人服务供给的放大效应。

六、加强对推进残疾人小康进程的组织领导

（一）健全组织领导机制。地方各级政府要将加快推进残疾人小康进程纳入重要议事日程，列为政府目标管理和绩效考核内容，主要领导负总责，分管领导具体负责。各级政府残疾人工作委员会要进一步完善工作机制，切实发挥统筹协调和督促落实职能，及时解决突出困难和问题；各成员单位要各司其职、密切配合，形成合力；各级残联要进一步履行好"代表、服务、管理"职能，全心全意为残疾人服务，为实现残疾人小康铺路搭桥。

（二）完善工作保障机制。各级财政要按照支出责任合理安排所需经费，大力推进残疾人小康进程。各地要充分发挥公益慈善组织等社会力量作用，形成多渠道、全方位投入格局。有关政策、资金、项目要重点向中西部地区、农村和基层倾斜。各地要将基层残疾人服务网络纳入以社区为基础的城乡基层社会管理和公共服务平台建设，改善服务条件，增强服务能力。要建立健全残疾人统计调查制度，完善残疾人人口综合信息。推进残疾人证智能化工作。要高度重视残疾人工作者队伍建设，进一步加强教育培训，强化职业素质，增强服务意识，更好地服务残疾人。

（三）强化残疾人权益保障机制。加快推进与残疾人权益保障、残疾人发展紧密相关的残疾人教育、残疾人康复等立法工作，制定完善配套政策和标准体系。完善残疾人权益保障机制，加强残疾人法律救助、法律服务和法律援助；建设全国统一的维权热线、残联系统网上信访工作平台；切实落实主体责任，维护残疾人合法利益诉求。广泛开展普法宣传教育，形成保障残疾人合法权益的良好社会氛围。

（四）做好宣传动员工作。充分利用报刊、广播、电视等媒体和互联网，以群众喜闻乐见的方式，大力弘扬人道主义思想和残疾人"平等、参与、共享"的现代文明理念，在全社会营造理解、尊重、关心、帮助残疾人的良好氛围。鼓励广大残疾人自尊、自信、自强、自立，不断增强自我发展能力，积极参与和融入社会，与全国人民一道共创共享小康社会。

　　各有关部门要根据本意见要求，按照职责和重点任务分工抓紧制定相关配套政策措施。省级人民政府要结合实际制定具体实施方案。国务院残疾人工作委员会要开展残疾人小康进程监测，督促检查本意见落实情况，重大情况及时向国务院报告。国务院将适时组织专项督查。

国务院

2015 年 1 月 20 日

## 中国残疾人联合会、民政部关于促进 助残社会组织发展的指导意见

残联发〔2014〕66号

各省、自治区、直辖市及计划单列市残联、民政厅（局），新疆生产建设兵团残联、民政局：

多年来，助残社会组织为维护残疾人合法权益、健全残疾人公共服务体系、促进残疾人事业发展、实现残疾人安居乐业、衣食无忧、过上幸福美好生活目标作出了积极贡献。但从总体看，由于认识的局限性、体制机制不健全、扶持力度不够、规范管理不到位等原因，助残社会组织依然存在数量少、规模小、服务质量参差不齐、作用发挥有待提高等问题，与广大残疾人的迫切需求和创新社会治理的要求相比还有较大差距。为贯彻落实党的十八大和十八届三中、四中全会精神，进一步引导助残社会组织健康有序规范发展，更好地满足残疾人多层次、个性化、类别化需求，现就促进助残社会组织发展提出如下意见：

一、改革登记管理制度

贯彻落实《国务院机构改革和职能转变方案》有关精神，将助残社会组织纳入公益慈善类等社会组织范畴，实行直接登记制度。重点引导在残疾人基本生活、医疗康复、教育就业、托养服务、扶贫济困、法律救助、文化体育、无障碍建设、社工服务等方面提供服务的社会组织，成立这些社会组织可直接向民政部门依法申请登记。在法律法规允许的范围内，积极做好基层助残社会组织登记服务工作，简化登记程序，为助残社会组织登记提供便利条件。

二、推进政府购买服务

贯彻落实《国务院办公厅关于政府向社会力量购买服务的指导意见》（国办发〔2013〕96号）和财政部、民政部、中国残联等部门《关于做好政府购买残疾人服务试点工作的意见》（财社〔2014

13号）的精神，积极开展政府购买助残社会组织服务试点工作并逐步推广试点经验，将适合由社会组织开展的残疾人服务工作通过购买服务项目、服务岗位等形式交由助残社会组织承担。不断探索和完善政府购买助残社会组织服务的服务内容、服务方式、标准规范、监管机制、绩效评价和保障措施等。各级残联、民政部门要积极会同财政等部门不断完善政府向社会组织购买残疾人服务的目录，制定具备承接项目资质的助残社会组织的规范和标准，为政府购买残疾人服务提供服务平台和依据，推动政府购买服务规范化、制度化、法制化。

三、优化发展环境

建立健全助残社会组织孵化培育机制，支持助残社会组织优先进驻现有社会组织孵化培育中心，探索整合利用各级残联、民政部门现有综合服务设施或服务场地，为初创期助残社会组织提供支持。加大财政金融支持力度，建立健全财政性资金对助残社会组织的扶持机制。积极协调有关部门落实促进助残社会组织发展的各项财税优惠政策。鼓励有条件的助残社会组织参与国际合作与交流。激励、引导各种社会力量、社会资金资助支持或捐资设立助残社会组织。充分利用各种媒体，广泛宣传促进助残社会组织发展的重要意义、主要内容、政策措施，加强助残社会组织理论研究和文化建设，营造关心、理解、支持助残社会组织健康有序发展的良好社会氛围。

四、加强规范管理

进一步做好助残社会组织的年度检查和等级评估工作，并将其结果作为承接政府购买服务、接受财政补贴、享受相关优惠政策等的重要依据。加大执法监察力度，加强资金监管，建立和完善退出机制。强化基础管理建设，充分发挥民政部门社会组织管理信息系统和各级残联助残社会组织统计台帐信息系统作用，为促进助残社会组织发展提供基础信息保障。引导助残社会组织在自愿基础上成立自律性联合组织，发挥管理服务中的枢纽作用，建立助残社会组织服务标准、行为准则和行业自律规则，增强自我约束、自我管理、自我监督能力。推进信息公开，加强职业道德建设和廉洁自律建设，提升助残社会组织公信力。将助残社会组织公益服务和自律建设情况纳入征信管理系统，建立奖诚信罚失信的奖惩机制。

五、强化自身建设

督促助残社会组织建立健全以章程为核心的各项规章制度，完善现代社会组织法人治理结构，建立健全民主机制，推进民主选举、民主决策、民主管理、民主监督，加强法治化、规范化建设，提升依法治理能力。帮助助残社会组织加大员工的培养和优秀人才的引进力度，畅通员工职称评定渠道，不断提升其专业水平和服务能力。建立助残社会组织专家人才库和专家咨询评审委员会，为开展助残社会组织工作提供人才和智力支持。加强助残社会组织党建工作，充分发挥党组织战斗堡垒作用和党员先锋模范作用。推进协商民主机制建设，鼓励助残社会组织依法依规参政议政，提高其对残疾人公共事务的参与度。

六、建立健全各司其职、协调配合的工作机制

各级残联及所属的残疾人服务机构、有关残疾人专门协会要充分利用在残疾人服务领域的资源和专业优势，开展助残社会组织的业务指导、人员培训、政策咨询、智力引进、服务购买等工作，协助政府相关部门做好助残社会组织的服务管理。各级社会组织登记管理机关要切实履行职责，将促进助残社会组织发展作为推动政府职能转变、完善社会服务体系、创新社会治理体制的重要内容，重点培育、优先发展、强化评估、规范和监督，加强与相关部门的统筹协调。各级残联、民政部门要加强合作、及时沟通、明确职责、密切配合，共同推进助残社会组织健康有序可持续发展。

本意见所称助残社会组织，是指在民政部门依法登记，以为残疾人提供服务、增进残疾人福利、促进残疾人平等参与社会生活和共享社会发展成果为宗旨，以开展残疾人所需的各项服务为主要业务的社会团体、民办非企业单位和基金会。

中国残疾人联合会　民政部

2014 年 11 月 20 日

# 关于做好政府购买残疾人服务试点工作的意见

财社〔2014〕13 号

各省、自治区、直辖市、计划单列市财政厅（局）、民政厅（局）、住房和城乡建设厅（局）、人力资源和社会保障厅（局）、卫生计生委、残疾人联合会，新疆生产建设兵团财务局、民政局、建设局、人力资源和社会保障局、卫生局、残疾人联合会：

为深入贯彻党的十八大和十八届三中全会精神，有效落实《国务院办公厅关于政府向社会力量购买服务的指导意见》（国办发〔2013〕96 号），积极推动政府购买残疾人服务工作的有序发展，现就做好政府购买残疾人服务试点工作通知如下：

一、基本原则

政府购买残疾人服务应按照政府主导、部门负责、社会参与、市场推动、共同监督为原则，突出残疾人服务公共性和公益性，优先设立受益面广、受益对象直接的政府购买服务项目。切实转变政府职能，促进政事分开、政社分开，创新残疾人服务供给机制和方式，提升残疾人服务的社会化、专业化、市场化水平，提高政府投入残疾人服务资金的使用效益，促进残疾人公共服务资源的优化配置，为广大残疾人提供优质高效的基本公共服务。

二、工作目标

以探索和完善政府购买残疾人服务的服务内容、购买方式、标准规范、监管机制、绩效评价和保障措施等为重点，通过试点，总结经验，摸索规律，完善措施，逐步实现残疾人服务资源的优化配置，提升广大残疾人享受公共服务的满意度。力争到 2020 年，在全国基本建立比较完善的政府购买残疾人服务机制，形成残疾人公共服务资源高效配置的服务体系和供给体系，显著提高残疾人公共服务水平和质量。

三、试点任务

（一）明确购买主体。政府购买残疾人服务的主体是承担残疾人公共服务职责的各级行政机关和参照公务员法管理的事业单位，具有行政管理职能的事业单位及纳入行政编制管理、经费由财政负担的群团组织。

（二）确定承接主体。各地可根据国办发〔2013〕96号文件确定的原则和残疾人服务的要求规定承接主体的具体条件。购买工作应按照政府采购法律制度规定，根据服务项目的采购需求特点，选择适用采购方式确定承接主体，严禁转包行为。鼓励各级残疾人联合会组织（以下简称"残联组织"）所属符合承接主体条件的残疾人服务机构、社会组织平等参与政府购买残疾人服务工作，并逐步推动其职能的转变。

（三）探索试点项目。政府购买残疾人服务的内容为适合市场化方式提供、社会力量能够承担的公共服务。根据当前残疾人服务实际，各地可选取残疾儿童筛查、诊断、抢救性康复、残疾人康复辅具配置（辅助器具适配）、残疾人照料服务、有劳动能力的残疾劳动者就业培训与岗位提供、残疾人家庭无障碍改造等服务项目集中开展试点工作。有条件的地方可根据实际情况，适当扩大服务项目范围，并逐步总结经验，加强政府购买服务项目的动态管理。

（四）制定指导性目录。各地要按照转变政府职能的要求，根据试点项目范围，结合本地经济社会发展水平、财政承受能力和残疾人类别化、个性化基本服务需求，制定政府购买残疾人服务的指导性目录，明确服务种类、性质和内容，细化目录清单，并在总结试点经验基础上，及时进行动态调整。

（五）规范服务标准。各地应根据所购买残疾人服务的项目特点，制定统一明确、操作性强、便于考核的基本服务标准，方便承接主体掌握，便于购买主体监管。购买主体要及时对服务标准的执行情况进行梳理，总结经验，逐步完善服务标准体系。在残疾人服务标准体系制定过程中，可将残联组织确定的相关服务规范标准纳入其中。

（六）提供资金保障。各地要按照国办发〔2013〕96号文件要求，通过既有财政预算安排的用于残疾人事业方面的资金，统筹解决政府购买残疾人服务所需资金。要科学测算服务项目和补助标准，合理编制政府购买残疾人服务资金预算。随着政府提供残疾人服务的发展所需增加的资金，应按照预算管理要求列入财政预算。

（七）健全监管机制。各地要加强政府购买残疾人服务的监督管理，完善事前、事中和事后监管体系，要严格遵守相关财政财务管理规定，确保政府购买残疾人服务资金规范管理和使用，不得截留、挪用和滞留资金。购买主体要严格按照政府购买服务的操作规程，公平、公正、公开选择承接主体，建立健全内部监督管理制度，按规定公开购买服务相关信息，自觉接受社会监督。承接主体应健全财务制度，严格按照服务合同履行服务任务，保障服务数量、质量和效果。服务完成后，购买主体应委托第三方独立审计机构对金额较大、服务对象较多的项目进行审计，并出具审计报告。

（八）加强绩效评价。各地要建立健全由购买主体、残疾人服务对象以及第三方组成的综合评审机制，发挥残联组织作为重要的第三方的作用，加强购买残疾人服务项目绩效评价。在绩效评价体系中，要重视受益对象的评价和确认，加大受益对象评价的比重，突出对一定比例的受益对象的抽样调查。政府购买残疾人服务的绩效评价结果要向社会公布，并作为政府选择购买残疾人服务承接主体、编制以后年度政府购买残疾人服务项目与预算的重要参考依据。

四、工作要求

（一）健全工作机制。建立健全政府统一领导、残工委统筹协调、财政部门与政府职能部门牵头、残联组织推动、社会广泛参与的工作机制。要定期研究政府购买残疾人服务的重要事项，及时研究解决试点工作中出现的问题。定期在相关部门间汇总通报政府购买残疾人服务的工作情况。

（二）确定试点地区。根据现实工作基础，确定优先开展相关试点项目的试点城市或地区。原则上，每个省、自治区、直辖市都要选择1到2个地区或城市开展试点工作，取得经验后再逐步扩大范围。具体试点地区范围，由省级财政部门、职能部门会同残联组织研究确定，报中央相应部门备案。

（三）及时跟进总结。要及时总结试点经验，完善试点工作，制定并逐步完善试点工作措施和实施办法。在总结经验的基础上，将政府购买残疾人服务逐步扩展到残疾人社会保障、医疗、康复、法律维权、教育、就业、扶贫、文化、体育、托养、照料、住房保障和无障碍服务等各个领域中的服务项目。

（四）加强分类指导。财政部门与政府职能部门、残联组织要加强对不同地区、不同项目、不同服务的分类指导工作。试点地区要切实加强调查研究，认真总结经验，及时发现并解决实施过程中出现的问题，试点进展情况和工作中遇到的重大问题，及时报财政部、职能部委和中国残联。

（五）做好培训宣传。充分利用各种宣传媒体，广泛宣传实施政府购买残疾人服务工作的指导思想、重要意义、主要内容、政策措施、示范典型，充分调动社会参与的积极性，为推进试点工作营造良好的舆论氛围。

财政部　民政部

住房和城乡建设部

人力资源社会保障部

国家卫生和计划生育委员会

中国残疾人联合会

2014 年 4 月 23 日

附件：

## 政府购买残疾人服务试点项目目录

一、残疾人康复辅具配置（辅助器具适配）服务

1. 假肢、矫形器装配

2. 助听器验配、调试、维护维修

3. 低视力助视器适配

4. 残疾人生活自助及护理用具适配

5. 轮椅适配

6. 其他辅助器具适配

二、残疾儿童抢救性康复服务

1. 残疾儿童康复训练

2. 残疾儿童治疗

3. 0—6 岁儿童残疾初筛、复筛、诊断

三、残疾人照料服务

1. 机构托养服务

2. 机构供养服务

3. 居家托养服务

4. 日间照料服务

5. 生活照料服务

四、残疾人就业培训与岗位提供服务

五、残疾人家庭无障碍改造服务

1. 住宅公共空间无障碍改造

2. 乡村民居无障碍改造

3. 卧室无障碍改造

4. 卫生间无障碍改造

5. 厨房无障碍改造

# 最高人民检察院　中国残疾人联合会
## 关于在检察工作中切实维护残疾人
## 合法权益的意见

关于印发《最高人民检察院、中国残疾人联合会关于
在检察工作中切实维护残疾人合法权益的意见》的通知

各省、自治区、直辖市人民检察院、残疾人联合会，军事
检察院，新疆生产建设兵团人民检察院、残疾人联合会：

现将《最高人民检察院、中国残疾人联合会关于在检
察工作中切实维护残疾人合法权益的意见》印发给你们，
请结合实际，认真贯彻落实。

最高人民检察院　中国残疾人联合会
2015 年 11 月 30 日

为进一步落实司法为民宗旨，促进社会和谐稳定，根据《中华
人民共和国残疾人保障法》及相关规定，现就检察工作中依法维护
残疾人的合法权益提出如下意见。

一、人民检察院办理涉及残疾人的案件，应当严格依照法律的
规定，贯彻党和国家关于残疾人权益保护的各项政策，注重关爱、
扶助残疾人，方便其诉讼，采取有效措施防止侵害残疾人权益的行
为，保障残疾人平等、充分地参与诉讼活动和社会生活，促进残疾
人各项合法权益的享有和实现。

二、人民检察院可以指定专人或者设立专门小组办理涉及残疾
人的案件。办案工作中，应当加强同残疾人联合会等人民团体、政府
有关部门以及涉案残疾人所在单位、社区、村民委员会的沟通联系，
主动了解情况，听取意见，共同做好维护残疾人合法权益工作。

三、对侵害残疾人生命财产安全的刑事犯罪，特别是严重侵害残疾人权益的重大案件、侵害残疾人群体利益的案件，依法从严从快批捕、起诉，加大指控犯罪力度。

四、对强迫智力残疾人劳动，拐卖残疾妇女、儿童，以暴力、胁迫手段组织残疾人乞讨，故意伤害致人伤残后组织乞讨，组织、胁迫、教唆残疾人进行犯罪活动等案件，依法从重打击。

五、加大对侵害残疾人权益的职务犯罪的查处和预防，依法严惩挪用、克扣、截留、侵占残疾人教育、康复、就业、社会保障等资金和物资以及发生在涉及残疾人事业的设备采购、工程建设中的职务犯罪行为。

六、人民检察院在办理案件过程中发现有关单位存在侵犯残疾人合法权益行为的，应当依法及时向有关单位发出检察建议，督促其纠正。侵犯残疾人合法权益情节严重，尚不构成犯罪的，人民检察院应当建议相关部门对责任人员给予相应处分；构成犯罪的，依法追究刑事责任。

七、对于残疾人涉嫌职务犯罪案件，人民检察院在对残疾犯罪嫌疑人进行第一次讯问或者采取强制措施时，应当告知其有权委托辩护人，并告知其如果符合《最高人民法院、最高人民检察院、公安部、司法部关于刑事诉讼法律援助工作的规定》第二条规定，本人及其近亲属可以向法律援助机构申请法律援助。

人民检察院自收到移送审查起诉的案件材料之日起三日以内，应当告知残疾犯罪嫌疑人有权委托辩护人，并告知其如果符合《最高人民法院、最高人民检察院、公安部、司法部关于刑事诉讼法律援助工作的规定》第二条规定，本人及其近亲属可以向法律援助机构申请法律援助。对于残疾被害人，应当告知其本人及其法定代理人或者近亲属有权委托诉讼代理人，并告知其如果经济困难，可以向法律援助机构申请法律援助。

对于盲、聋、哑犯罪嫌疑人，人民检察院应当采取适宜方式进行权利告知，确保其准确理解相关规定。对于智力残疾、患精神病犯罪嫌疑人以及未成年残疾犯罪嫌疑人，应当向其法定代理人履行告知义务。

八、犯罪嫌疑人是未成年残疾人，盲、聋、哑人，尚未完全丧失辨认或者控制自己行为能力的精神病人，或者是可能被判处无期徒刑、死刑的残疾人，没有委托辩护人的，人民检察院应当及时通知法律援助机构指派律师为其提供辩护。

九、人民检察院讯问残疾犯罪嫌疑人时应当慎用械具。对于确有人身危险性，必须使用械具的，在现实危险消除后，应当立即停止使用。

十、人民检察院审查逮捕残疾犯罪嫌疑人，除按照《中华人民共和国刑事诉讼法》第七十九条第一款的规定审查是否具备逮捕条件外，还应当根据犯罪嫌疑人涉嫌犯罪的性质、事实、情节、主观恶性和犯罪嫌疑人身体状况是否适宜羁押等因素综合考量是否确有逮捕必要，必要时可以对残疾犯罪嫌疑人的犯罪原因、生活环境等开展社会调查以作参考。对于不采取强制措施或者采取其他强制措施不妨碍诉讼顺利进行的，应当作出不批准逮捕或者不予逮捕的决定。对于可捕可不捕的应当不捕。但是，对于反复故意实施犯罪，不羁押不足以防止发生社会危险性的，应当依法批准或决定逮捕。

十一、残疾犯罪嫌疑人、被告人被逮捕后，人民检察院应当对羁押必要性定期开展审查，综合考虑侦查取证的进展情况，案件事实、情节和证据的变化情况，残疾犯罪嫌疑人、被告人的身体健康状况等因素，对不需要或者不适宜继续羁押的，应当依法变更强制措施或者建议有关机关变更强制措施。

十二、对于残疾人犯罪案件，符合《人民检察院刑事诉讼规则（试行）》规定的条件，双方当事人达成和解协议的，人民检察院应当依法从宽处理。符合法律规定的不起诉条件的，应当决定不起诉；依法必须提起公诉的，应当向人民法院提出从轻、减轻或者免除处罚的量刑建议。

十三、对于残疾被告人认罪并积极赔偿损失、被害人谅解的案件，未成年残疾人犯罪案件以及残疾人实施的具有法定从轻、减轻处罚情节的案件，人民法院量刑偏轻的，人民检察院一般不提出抗诉。

十四、人民检察院发现看守所、监狱等监管机关在羁押管理和教育改造残疾在押人员等活动中有违法行为的，应当依法提出纠正意见；发现看守所、监狱等监管场所没有对残疾在押人员在生活、医疗上给予相应照顾，没有采取适当保护措施的，应当通过检察建议等方式督促监管机关改正。

对残疾罪犯开展减刑、假释、暂予监外执行检察工作，可以依法适当从宽掌握，但是，反复故意实施犯罪的残疾罪犯除外。

十五、人民检察院在开展社区矫正法律监督活动中，发现社区矫正机构工作人员对残疾社区矫正人员有殴打、体罚、虐待、侮辱人格、强迫其参加超时间或者超体力社区服务等行为的，应当依法提出纠正意见。情节严重，构成犯罪的，依法追究刑事责任。

十六、人民检察院发现强制医疗机构工作人员殴打、体罚、虐待或者变相体罚、虐待被强制医疗的精神病人，违反规定对被强制医疗的精神病人使用械具、约束措施等行为的，应当依法提出纠正意见。情节严重，构成犯罪的，依法追究刑事责任。

十七、对于残疾人控告、举报、申诉案件应当依法快速办理，缩短办案周期。对于不属于本院管辖的案件，应当先行接收，然后及时转送有管辖权的机关，并告知提出控告、举报、申诉的残疾人。

十八、复查涉及残疾人的刑事申诉案件，应当认真听取残疾申诉人或者其代理人的意见，核实相关问题，并可以听取原案承办部门、原复查部门或者原承办人员意见，全面了解原案办理情况，认真审核、查证与案件有关的证据和线索，查清案件事实，依法作出处理。

十九、对于已经发生法律效力的民事、行政裁判书、调解书，残疾当事人依法向人民检察院申请提出检察建议、抗诉，或者认为人民法院的执行活动违反法律规定、审判人员存在违法行为而向人民检察院申请监督的，人民检察院应当及时受理和审查，对确有违法情形的，依法提出检察建议或者抗诉，切实维护残疾人的合法权益。

二十、对于残疾人申请国家赔偿的案件，符合受理条件的，应当依法快速办理，充分听取残疾人或者其代理人的意见。对于依法应当赔偿的案件，应当及时作出和执行赔偿决定。

二十一、对于残疾人涉法涉诉信访案件，人民检察院应当按照中央政法委《关于建立律师参与化解和代理涉法涉诉信访案件制度的意见（试行）》的要求，为残疾人寻求律师帮助提供便利，对律师阅卷、咨询了解案情等合理要求提供支持，对律师提出的处理意见认真研究，及时反馈意见。对确有错误或者瑕疵的案件，及时导入法律程序予以解决。

二十二、人民检察院在办理案件、处理涉法涉诉信访问题过程中，应当主动了解残疾当事人的家庭生活状况，对符合国家司法救助条件的残疾人，应当告知其有权提出救助申请。对残疾人提出的救助申请，应当快速受理审查；对符合救助条件而没有提出申请的，应当依职权启动救助程序。符合救助条件的，应当及时提出给予救助以及具体救助金额的意见，履行有关审批手续后及时予以发放。

二十三、各级人民检察院新建接待场所应当符合无障碍设施的相关要求，现有接待场所不符合无障碍要求的要逐步加以改造，以方便残疾人出入。

二十四、本意见中的残疾人，是指符合《中华人民共和国残疾人保障法》和《残疾人残疾分类和分级》（GB/T26341—2010）规定的残疾人。

# 盲人医疗按摩管理办法

关于印发《盲人医疗按摩管理办法》的通知

卫医政发（2009）37号

各省、自治区、直辖市卫生厅局、中医药管理局、残疾人联合会、人力资源社会保障（人事、劳动保障）厅（局），新疆建设兵团卫生兵团卫生局、残疾人联合会、人事局：

为加强和规范盲人医疗按摩活动，提高盲人医疗按摩人员的素质，保障盲人医疗按摩人员和患者双方的合法权益，根据《中华人名共和国执业医师法》、《中华人民共和国残疾人保障法》等法律法规，卫生部、人力资源社会保障部、国家中医药管理局、中国残疾人联合会联合制定了《盲人医疗按摩管理办法》。现印发给你们，请认真贯彻执行。

卫生部
人力资源和社会保障部
国家中医药管理局
中国残疾人联合会
二〇〇九年四月二十三日

第一条　为了保障盲人医疗按摩人员的合法权益，规范盲人医疗按摩活动，根据《中华人民共和国残疾人保障法》等法律法规，制定本办法。

第二条　本办法所称盲人医疗按摩，是指由盲人从事的有一定治疗疾病目的的按摩活动。

盲人医疗按摩属于医疗行为，应当在医疗机构中开展。

盲人医疗按摩人员属于卫生技术人员，应当具备良好的职业道德和执业水平，其依法履行职责，受法律保护。

**第三条** 县级以上地方残疾人联合会、人力资源和社会保障部门以及卫生行政部门、中医药管理部门根据职责分工对盲人医疗按摩进行管理。

**第四条** 符合下列条件之一的盲人，持设区的市级残疾人联合会出具的审核同意证明，可以申请在医疗机构中从事盲人医疗按摩活动：

（一）本办法发布前，取得盲人医疗按摩专业技术职务任职资格的；

（二）本办法发布前，取得盲人医疗按摩中等专业及以上学历，并且连续从事盲人医疗按摩活动2年以上的；

（三）本办法发布前，在医疗机构中连续从事盲人医疗按摩活动满15年的；

（四）本办法发布前，在医疗机构中连续从事盲人医疗按摩活动2年以上不满15年，并且通过盲人医疗按摩人员考试的；

（五）取得盲人医疗按摩中等专业及以上学历，并且通过盲人医疗按摩人员考试的。

盲人医疗按摩人员考试由中国残疾人联合会负责组织，并制定考试办法。具体实施由中国盲人按摩指导中心负责。

通过盲人医疗按摩人员考试的盲人，取得考试合格证明，同时取得盲人医疗按摩人员初级专业技术职务任职资格。

**第五条** 符合本办法第六条规定的盲人医疗按摩人员可以申请开办盲人医疗按摩所。

**第六条** 开办盲人医疗按摩所应当符合下列条件：

（一）开办人应当为盲人医疗按摩人员；

（二）至少有1名从事盲人医疗按摩活动5年以上的盲人医疗按摩人员；

（三）至少有一张按摩床及相应的按摩所需用品，建筑面积不少于 40 平方米；

（四）有必要的消毒设备；

（五）有相应的规章制度，装订成册的国家制定或者认可的盲人医疗按摩技术操作规程；

（六）能够独立承担法律责任；

（七）有设区的市级残疾人联合会出具的同意开办盲人医疗按摩所的证明文件。

**第七条** 盲人医疗按摩所由县级卫生行政部门审批，符合条件的发给《医疗机构执业许可证》，登记名称为识别名称+盲人医疗按摩所，诊疗科目为推拿科（盲人医疗按摩）。

盲人医疗按摩所不登记推拿科（盲人医疗按摩）以外的诊疗科目、不设床位、不设药房（柜）。

盲人医疗按摩所执业许可证的有效期为 5 年。

**第八条** 盲人医疗按摩人员在工作中享有下列权利：

（一）参与技术经验交流，参加专业学术团体；

（二）参加业务培训和继续教育；

（三）在工作中，人格尊严、人身安全不受侵犯；

（四）获取报酬；

（五）对卫生工作提出意见和建议。

**第九条** 盲人医疗按摩人员在工作中应当履行下列义务：

（一）遵守法律、法规、规章和相关技术操作规范；

（二）树立敬业精神，遵守职业道德；

（三）关心、爱护、尊重患者，保护患者的隐私；

（四）接受培训和继续教育，努力钻研业务，提高专业技术水平。

**第十条** 盲人医疗按摩人员应当如实向患者或者其家属介绍医疗按摩方案，但应注意避免对患者产生不利后果。

**第十一条** 盲人医疗按摩人员不得开展推拿（盲人医疗按摩）

以外的医疗、预防、保健活动，不得开具药品处方，不得出具医学诊断证明，不得签署与盲人医疗按摩无关的医学证明文件，不得隐匿、伪造或者擅自销毁医学文书及有关资料。

第十二条　盲人医疗按摩所应当按照规定的执业地点和诊疗科目执业，不得开展盲人医疗按摩以外的医疗、预防、保健活动。非盲人不得在盲人医疗按摩所从事医疗、预防、保健活动。

第十三条　盲人医疗按摩人员不得利用职务之便，索取、非法收受患者财物或者牟取其它不正当利益。

第十四条　中国残疾人联合会负责制定盲人医疗按摩人员培训规划，保证盲人医疗按摩人员按照规定接受培训、继续教育和依法从事盲人医疗按摩活动。

中国盲人按摩指导中心及各省、自治区、直辖市盲人按摩指导中心根据培训规划制定盲人医疗按摩人员培训计划，并负责组织培训工作。

医疗机构应当为盲人医疗按摩人员开展工作和学习提供条件，保证本机构盲人医疗按摩人员接受培训、继续教育和合法从事医疗按摩活动。

第十五条　盲人医疗按摩所有下列情形之一的，由原发证机关予以注销，并收回《医疗机构执业许可证》：

（一）聘用非盲人开展医疗、预防、保健活动的；

（二）开展盲人医疗按摩以外的医疗、预防、保健活动的；

（三）出卖、转让、出借《医疗机构执业许可证》的；

（四）开具药品处方的；

（五）设床位、药房（柜）的；

（六）《医疗机构执业许可证》有效期届满未延续的；

（七）不具备本办法第六条规定的条件的。

第十六条　县级卫生行政部门对不符合条件的盲人医疗按摩所发给《医疗机构执业许可证》或者违反本办法规定扩大诊疗科目登记、批准设置床位或药房（柜）的，其行为无效，由原发证机关或者上一级卫生行政部门予以撤销。

**第十七条** 盲人医疗按摩所及其工作人员违反《医疗机构管理条例》的有关规定，按《医疗机构管理条例》处理。发生医疗事故的，按《医疗事故处理条例》处理。

**第十八条** 原人事部、卫生部、国家中医药管理局、中国残疾人联合会《关于盲人医疗按摩人员评聘专业技术职务有关问题的通知》（残联教就字〔1997〕第103号）中有关主任（副主任）按摩医师、主治按摩医师、按摩医师（士）的专业技术职务名称分别改为主任（副主任）医疗按摩师、主治医疗按摩师、医疗按摩师（士）。

在本办法发布前，取得的盲人医疗按摩专业技术职务任职资格继续有效。盲人医疗按摩人员专业技术职务的评聘按照残联教就字〔1997〕第103号有关规定办理。

**第十九条** 本办法所称的盲人包括全盲和低视力者。

**第二十条** 本办法自2009年9月1日之日起施行。

# 残疾预防和残疾人康复条例

中华人民共和国国务院令

第 675 号

《残疾预防和残疾人康复条例》已经 2017 年 1 月 11 日国务院第 161 次常务会议通过，现予公布，自 2017 年 7 月 1 日起施行。

总理　李克强

2017 年 2 月 7 日

## 第一章　总　　则

**第一条**　为了预防残疾的发生、减轻残疾程度，帮助残疾人恢复或者补偿功能，促进残疾人平等、充分地参与社会生活，发展残疾预防和残疾人康复事业，根据《中华人民共和国残疾人保障法》，制定本条例。

**第二条**　本条例所称残疾预防，是指针对各种致残因素，采取有效措施，避免个人心理、生理、人体结构上某种组织、功能的丧失或者异常，防止全部或者部分丧失正常参与社会活动的能力。

本条例所称残疾人康复，是指在残疾发生后综合运用医学、教育、职业、社会、心理和辅助器具等措施，帮助残疾人恢复或者补偿功能，减轻功能障碍，增强生活自理和社会参与能力。

**第三条** 残疾预防和残疾人康复工作应当坚持以人为本，从实际出发，实行预防为主、预防与康复相结合的方针。

国家采取措施为残疾人提供基本康复服务，支持和帮助其融入社会。禁止基于残疾的歧视。

**第四条** 县级以上人民政府领导残疾预防和残疾人康复工作，将残疾预防和残疾人康复工作纳入国民经济和社会发展规划，完善残疾预防和残疾人康复服务和保障体系，建立政府主导、部门协作、社会参与的工作机制，实行工作责任制，对有关部门承担的残疾预防和残疾人康复工作进行考核和监督。乡镇人民政府和街道办事处根据本地区的实际情况，组织开展残疾预防和残疾人康复工作。

县级以上人民政府负责残疾人工作的机构，负责残疾预防和残疾人康复工作的组织实施与监督。县级以上人民政府有关部门在各自的职责范围内做好残疾预防和残疾人康复有关工作。

**第五条** 中国残疾人联合会及其地方组织依照法律、法规、章程或者接受政府委托，开展残疾预防和残疾人康复工作。

工会、共产主义青年团、妇女联合会、红十字会等依法做好残疾预防和残疾人康复工作。

**第六条** 国家机关、社会组织、企业事业单位和城乡基层群众性自治组织应当做好所属范围内的残疾预防和残疾人康复工作。从事残疾预防和残疾人康复工作的人员应当依法履行职责。

**第七条** 社会各界应当关心、支持和参与残疾预防和残疾人康复事业。

新闻媒体应当积极开展残疾预防和残疾人康复的公益宣传。

国家鼓励和支持组织、个人提供残疾预防和残疾人康复服务，捐助残疾预防和残疾人康复事业，兴建相关公益设施。

**第八条** 国家鼓励开展残疾预防和残疾人康复的科学研究和应

用，提高残疾预防和残疾人康复的科学技术水平。

国家鼓励开展残疾预防和残疾人康复领域的国际交流与合作。

**第九条** 对在残疾预防和残疾人康复工作中作出显著成绩的组织和个人，按照国家有关规定给予表彰、奖励。

# 第二章　残疾预防

**第十条** 残疾预防工作应当覆盖全人群和全生命周期，以社区和家庭为基础，坚持普遍预防和重点防控相结合。

**第十一条** 县级以上人民政府组织有关部门、残疾人联合会等开展下列残疾预防工作：

（一）实施残疾监测，定期调查残疾状况，分析致残原因，对遗传、疾病、药物、事故等主要致残因素实施动态监测；

（二）制定并实施残疾预防工作计划，针对主要致残因素实施重点预防，对致残风险较高的地区、人群、行业、单位实施优先干预；

（三）做好残疾预防宣传教育工作，普及残疾预防知识。

**第十二条** 卫生和计划生育主管部门在开展孕前和孕产期保健、产前筛查、产前诊断以及新生儿疾病筛查，传染病、地方病、慢性病、精神疾病等防控，心理保健指导等工作时，应当做好残疾预防工作，针对遗传、疾病、药物等致残因素，采取相应措施消除或者降低致残风险，加强临床早期康复介入，减少残疾的发生。

公安、安全生产监督管理、食品药品监督管理、环境保护、防灾减灾救灾等部门在开展交通安全、生产安全、食品药品安全、环境保护、防灾减灾救灾等工作时，应当针对事故、环境污染、灾害等致残因素，采取相应措施，减少残疾的发生。

**第十三条** 国务院卫生和计划生育、教育、民政等有关部门和中国残疾人联合会在履行职责时应当收集、汇总残疾人信息，实现信息共享。

**第十四条** 承担新生儿疾病和未成年人残疾筛查、诊断的医疗卫生机构应当按照规定将残疾和患有致残性疾病的未成年人信息，向所在地县级人民政府卫生和计划生育主管部门报告。接到报告的卫生和计划生育主管部门应当按照规定及时将相关信息与残疾人联合会共享，并共同组织开展早期干预。

**第十五条** 具有高度致残风险的用人单位应当对职工进行残疾预防相关知识培训，告知作业场所和工作岗位存在的致残风险，并采取防护措施，提供防护设施和防护用品。

**第十六条** 国家鼓励公民学习残疾预防知识和技能，提高自我防护意识和能力。

未成年人的监护人应当保证未成年人及时接受政府免费提供的疾病和残疾筛查，努力使有出生缺陷或者致残性疾病的未成年人及时接受治疗和康复服务。未成年人、老年人的监护人或者家庭成员应当增强残疾预防意识，采取有针对性的残疾预防措施。

# 第三章　康复服务

**第十七条** 县级以上人民政府应当组织卫生和计划生育、教育、民政等部门和残疾人联合会整合从事残疾人康复服务的机构（以下称康复机构）、设施和人员等资源，合理布局，建立和完善以社区康复为基础、康复机构为骨干、残疾人家庭为依托的残疾人康复服务体系，以实用、易行、受益广的康复内容为重点，为残疾人提供综合性的康复服务。

县级以上人民政府应当优先开展残疾儿童康复工作，实行康复与教育相结合。

**第十八条** 县级以上人民政府根据本行政区域残疾人数量、分布状况、康复需求等情况，制定康复机构设置规划，举办公益性康复机构，将康复机构设置纳入基本公共服务体系规划。

县级以上人民政府支持社会力量投资康复机构建设，鼓励多种形式举办康复机构。

社会力量举办的康复机构和政府举办的康复机构在准入、执业、专业技术人员职称评定、非营利组织的财税扶持、政府购买服务等方面执行相同的政策。

**第十九条** 康复机构应当具有符合无障碍环境建设要求的服务场所以及与所提供康复服务相适应的专业技术人员、设施设备等条件，建立完善的康复服务管理制度。

康复机构应当依照有关法律、法规和标准、规范的规定，为残疾人提供安全、有效的康复服务。鼓励康复机构为所在区域的社区、学校、家庭提供康复业务指导和技术支持。

康复机构的建设标准、服务规范、管理办法由国务院有关部门商中国残疾人联合会制定。

县级以上人民政府有关部门应当依据各自职责，加强对康复机构的监督管理。残疾人联合会应当及时汇总、发布康复机构信息，为残疾人接受康复服务提供便利，各有关部门应当予以支持。残疾人联合会接受政府委托对康复机构及其服务质量进行监督。

**第二十条** 各级人民政府应当将残疾人社区康复纳入社区公共服务体系。

县级以上人民政府有关部门、残疾人联合会应当利用社区资源，根据社区残疾人数量、类型和康复需求等设立康复场所，或者通过政府购买服务方式委托社会组织，组织开展康复指导、日常生活能力训练、康复护理、辅助器具配置、信息咨询、知识普及和转介等社区康复工作。

城乡基层群众性自治组织应当鼓励和支持残疾人及其家庭成员参加社区康复活动，融入社区生活。

**第二十一条** 提供残疾人康复服务，应当针对残疾人的健康、日常活动、社会参与等需求进行评估，依据评估结果制定个性化康复方案，并根据实施情况对康复方案进行调整优化。制定、实施康复方案，应当充分听取、尊重残疾人及其家属的意见，告知康复措施的详细信息。

提供残疾人康复服务，应当保护残疾人隐私，不得歧视、侮辱残疾人。

**第二十二条** 从事残疾人康复服务的人员应当具有人道主义精神，遵守职业道德，学习掌握必要的专业知识和技能并能够熟练运用；有关法律、行政法规规定需要取得相应资格的，还应当依法取得相应的资格。

**第二十三条** 康复机构应当对其工作人员开展在岗培训，组织学习康复专业知识和技能，提高业务水平和服务能力。

**第二十四条** 各级人民政府和县级以上人民政府有关部门、残疾人联合会以及康复机构等应当为残疾人及其家庭成员学习掌握康复知识和技能提供便利条件，引导残疾人主动参与康复活动，残疾人的家庭成员应当予以支持和帮助。

# 第四章　保障措施

**第二十五条** 各级人民政府应当按照社会保险的有关规定将残疾人纳入基本医疗保险范围，对纳入基本医疗保险支付范围的医疗康复费用予以支付；按照医疗救助的有关规定，对家庭经济困难的残疾人参加基本医疗保险给予补贴，并对经基本医疗保险、大病保险和其他补充医疗保险支付医疗费用后仍有困难的给予医疗救助。

**第二十六条** 国家建立残疾儿童康复救助制度，逐步实现0—6岁视力、听力、言语、肢体、智力等残疾儿童和孤独症儿童免费得到手术、辅助器具配置和康复训练等服务；完善重度残疾人护理补贴制度；通过实施重点康复项目为城乡贫困残疾人、重度残疾人提供基本康复服务，按照国家有关规定对基本型辅助器具配置给予补贴。具体办法由国务院有关部门商中国残疾人联合会根据经济社会发展水平和残疾人康复需求等情况制定。

国家多渠道筹集残疾人康复资金，鼓励、引导社会力量通过慈善捐赠等方式帮助残疾人接受康复服务。工伤保险基金、残疾人就业保障金等按照国家有关规定用于残疾人康复。

有条件的地区应当根据本地实际情况提高保障标准，扩大保障范围，实施高于国家规定水平的残疾人康复保障措施。

第二十七条　各级人民政府应当根据残疾预防和残疾人康复工作需要，将残疾预防和残疾人康复工作经费列入本级政府预算。

从事残疾预防和残疾人康复服务的机构依法享受有关税收优惠政策。县级以上人民政府有关部门对相关机构给予资金、设施设备、土地使用等方面的支持。

第二十八条　国家加强残疾预防和残疾人康复专业人才的培养；鼓励和支持高等学校、职业学校设置残疾预防和残疾人康复相关专业或者开设相关课程，培养专业技术人员。

县级以上人民政府卫生和计划生育、教育等有关部门应当将残疾预防和残疾人康复知识、技能纳入卫生和计划生育、教育等相关专业技术人员的继续教育。

第二十九条　国务院人力资源社会保障部门应当会同国务院有关部门和中国残疾人联合会，根据残疾预防和残疾人康复工作需要，完善残疾预防和残疾人康复专业技术人员职业能力水平评价体系。

第三十条　省级以上人民政府及其有关部门应当积极支持辅助器具的研发、推广和应用。

辅助器具研发、生产单位依法享受有关税收优惠政策。

第三十一条　各级人民政府和县级以上人民政府有关部门按照国家有关规定，保障残疾预防和残疾人康复工作人员的待遇。县级以上人民政府人力资源社会保障等部门应当在培训进修、表彰奖励等方面，对残疾预防和残疾人康复工作人员予以倾斜。

# 第五章　法律责任

第三十二条　地方各级人民政府和县级以上人民政府有关部门

未依照本条例规定履行残疾预防和残疾人康复工作职责，或者滥用职权、玩忽职守、徇私舞弊的，依法对负有责任的领导人员和直接责任人员给予处分。

各级残疾人联合会有违反本条例规定的情形的，依法对负有责任的领导人员和直接责任人员给予处分。

**第三十三条** 医疗卫生机构、康复机构及其工作人员未依照本条例规定开展残疾预防和残疾人康复工作的，由有关主管部门按照各自职责分工责令改正，给予警告；情节严重的，责令暂停相关执业活动，依法对负有责任的领导人员和直接责任人员给予处分。

**第三十四条** 具有高度致残风险的用人单位未履行本条例第十五条规定的残疾预防义务，违反安全生产、职业病防治等法律、行政法规规定的，依照有关法律、行政法规的规定给予处罚；有关法律、行政法规没有规定的，由有关主管部门按照各自职责分工责令改正，给予警告；拒不改正的，责令停产停业整顿。用人单位还应当依法承担救治、保障等义务。

**第三十五条** 违反本条例规定，构成犯罪的，依法追究刑事责任；造成人身、财产损失的，依法承担赔偿责任。

# 第六章 附 则

**第三十六条** 本条例自 2017 年 7 月 1 日起施行。

# 附　录

## 国家残疾预防行动计划（2016—2020 年）

国务院办公厅关于印发
国家残疾预防行动计划（2016—2020 年）的通知
国办发〔2016〕66 号

各省、自治区、直辖市人民政府，国务院各部委、各直属
机构：

《国家残疾预防行动计划（2016—2020 年）》已经国
务院同意，现印发给你们，请认真贯彻执行。

国务院办公厅
2016 年 8 月 25 日

残疾风险伴随每个人，残疾预防与个人健康、家庭幸福、经济
社会健康发展息息相关。我国有 8500 多万残疾人，数量多、负担
重，采取适当措施可以有效预防多数残疾的发生。近年来，在党和
政府的高度重视以及全社会共同努力下，我国医疗卫生、安全生
产、交通安全、残疾人康复等工作不断加强，传染性疾病、营养不
良、药物中毒等造成的残疾大幅减少，残疾预防工作取得显著成
效。但同时，我国残疾预防工作体系尚不健全，残疾预防公共服务
能力、科技创新能力、公众参与能力仍待提高。我国正处于人口老
龄化、工业化、城镇化进程中，遗传性、先天性残疾尚未有效控

制，慢性病、精神障碍、意外伤害等导致残疾的风险在显著增加，进一步采取措施加大残疾预防工作力度十分紧迫、必要。

为贯彻落实《中共中央　国务院关于促进残疾人事业发展的意见》、《国务院关于加快推进残疾人小康进程的意见》（国发〔2015〕7号），进一步加强残疾预防工作，有效减少、控制残疾的发生、发展，推进健康中国建设，制定本行动计划。

一、总体要求

（一）指导思想。

全面贯彻落实党的十八大和十八届二中、三中、四中、五中全会精神，以邓小平理论、"三个代表"重要思想、科学发展观为指导，深入贯彻习近平总书记系列重要讲话精神，认真落实党中央、国务院决策部署，按照"五位一体"总体布局和"四个全面"战略布局，牢固树立和贯彻落实创新、协调、绿色、开放、共享的新发展理念，以维护人民群众健康、保障经济社会健康发展为根本出发点和落脚点，坚持关口前移、预防为主、重心下沉、全民动员、依法推进、科学施策，努力提高全社会残疾风险综合防控能力，有效控制和减少残疾发生。

（二）基本原则。

坚持政府主导，全民参与。强化政府责任，建立健全残疾预防政策法规体系，加强残疾预防知识宣传教育和社会动员，形成政府、单位、个人各负其责、协调联动的防控工作体系。

坚持立足基层，综合干预。广泛开展以社区和家庭为基础、以一级预防为重点的三级预防，综合运用医学、经济、法律、社会等手段，着力针对主要致残因素、高危人群，采取专门措施，实施重点防控。

坚持立足实际，科学推进。立足基本国情和各地实际，充分发挥现代科技作用，选择推广适宜有效的预防措施和技术，提高残疾预防工作的专业化、信息化、科学化水平。

（三）工作目标。

到2020年，残疾预防工作体系和防控网络更加完善，全社会残疾预防意识与能力显著增强，可比口径残疾发生率在同等收入国家中处于较低水平。

二、主要行动

（一）有效控制出生缺陷和发育障碍致残。

加强婚前、孕前健康检查。积极推进婚前医学检查，加强对严重遗传性疾病、指定传染病、严重精神障碍的检查并提出医学意见。实施孕前优生健康检查，为计划怀孕夫妇提供健康教育、医学检查、风险评估、咨询指导等孕前优生服务，推进补服叶酸预防神经管缺陷。孕前健康检查率达80%以上。（国家卫生计生委牵头，全国妇联、中国残联按职责分工负责）

做好产前筛查、诊断。落实《产前诊断技术管理办法》，资助开展唐氏综合症、严重体表畸形重大出生缺陷产前筛查和诊断，逐步实现怀孕妇女孕28周前在自愿情况下至少接受1次出生缺陷产前筛查。产前筛查率达60%以上。（国家卫生计生委负责）

加强新生儿及儿童筛查和干预。落实《新生儿疾病筛查管理办法》，普遍开展新生儿疾病筛查，逐步扩大疾病筛查病种和范围。做好儿童保健工作，广泛开展新生儿访视、营养与喂养指导、生长发育监测、健康咨询与指导，建立新生儿及儿童致残性疾病和出生缺陷筛查、诊断、干预一体化工作机制，提高筛查覆盖率及转诊率、随访率、干预率。新生儿及儿童残疾筛查率达85%以上，干预率达80%以上。（国家卫生计生委、中国残联按职责分工负责）

（二）着力防控疾病致残。

有效控制传染性疾病。加强传染病监测，开展疫情报告、流行病学调查等预防控制措施，做好传染病患者的医疗救治。全面实施国家免疫规划，继续将脊髓灰质炎、流行性乙型脑炎等致残性传染病的疫苗接种率维持在较高水平，适时调整纳入国家免疫规划的疫苗种类。落实《疫苗流通和预防接种管理条例》，保证疫苗使用安全。适龄儿童国家免疫规划疫苗接种率达90%以上。（国家卫生计生委负责）

有效控制地方性疾病。针对地方病流行状况，实施补碘、改炉改灶改水、移民搬迁、食用非病区粮食、学龄儿童异地养育等防控措施，基本消除碘缺乏病、大骨节病等重大地方病致残。控制和消除重大地方病的县（市、区）达95%以上。（国家卫生计生委牵头，各省级人民政府按职责分工负责）

加强慢性病防治。开展全民健康生活方式行动，推动科学膳食、全民健身、控烟限酒。倡导居民定期健康体检，引导鼓励政府机关、企事业单位、社会组织等建立健康体检制度。开展脑卒中、心血管病等高危人群筛查，提供健康咨询、干预指导，做好高血压、糖尿病规范治疗及管理。开展致聋、致盲性疾病早期诊断、干预。已管理高血压、糖尿病患者的规范管理率达到60%以上；百万人口白内障复明手术率（CSR）达到2000以上。（国家卫生计生委、体育总局、中国残联按职责分工负责）

加强精神疾病防治。积极开展心理健康促进工作，加强对精神分裂症、阿尔茨海默症、抑郁症、孤独症等主要致残性精神疾病的筛查识别和治疗康复，重点做好妇女、儿童、青少年、老年人、残疾人等群体的心理健康服务。将心理援助纳入突发事件应急预案，为遭遇突发公共事件群体提供心理援助服务。加强严重精神障碍患者救治救助工作，落实监管责任。登记在册的严重精神障碍患者管理率达80%以上。（国家卫生计生委牵头，中央综治办、公安部、民政部、中国残联按职责分工负责）

（三）努力减少伤害致残。

加强安全生产监管。强化工作场所职业安全健康管理，开展职业安全健康教育，提高劳动者安全健康防护能力。重点做好待孕夫妇、孕期妇女劳动保护，避免接触有毒有害物质，减少职业危害。开展工矿商贸企业安全生产隐患排查治理，提高事故风险防范、事故救援和应急处置能力，预防工伤、尘肺病、职业中毒及其他职业病致残。加强消防安全管理，排查整治易燃易爆单位和养老院、敬老院、福利院、医院、未成年人保护中心、救助管理站、中小学校、幼儿园等人员密集场所火灾隐患。生产安全事故发生起数、伤亡人数均下降10%以上。（安全监管总局、公安部牵头，教育部、民政部、人力资源社会保障部、国家卫生计生委按职责分工负责）

加强道路交通安全管理。开展道路隐患排查治理，确保公路及其附属设施始终处于良好技术状况。优化机动车产品结构，提升车辆安全标准。加强驾驶人教育培训，普及中小学生交通安全宣传教育，推广使用汽车儿童安全座椅。加强旅游包车、班线客车、危险品运输车、校车及接送学生车辆安全管理，严格落实运输企业主体责任。依法严厉查处严重交通违法行为。完善道路交通事故应急救援机制，提高施救水平。道路交通万车死亡率下降6%。（教育部、工业和信息化部、公安部、交通运输部、国家卫生计生委、质检总局、安全监管总局、国家旅游局按职责分工负责）

加强农产品和食品药品安全监管。加强对农产品和食品中致病性微生物、农药残留、兽药残留、重金属、污染物质以及其他危害人体健康物质的检测和监管力度，有效防范、妥善应对食品安全事件。严肃查处制售假药、劣药行为，规范临床用药，加强药物不良反应监测。（食品药品监管总局、国家卫生计生委、农业部、质检总局按职责分工负责）

加强饮用水和空气污染治理干预。严格保护良好水体和饮用水水源，全面加强全国城乡饮用水卫生监测，及时掌握全国饮用水水质基本状况，确保达到生活饮用水卫生标准。实施农村饮水安全巩固提升工程，指导涉水病区改水。开展空气污染等环境污染对人群健康影响监测，及时治理干预。（环境保护部、水利部、国家卫生计生委按职责分工负责）

增强防灾减灾能力。健全气象、洪涝、海洋、地震、地质灾害等监测和预警预报系统，发挥国家突发事件预警信息发布系统作用，提高突发自然灾害现场应急处置能力和水平。完善社区、学校、医院、车站、工厂等人员密集场所灾害防御设施、措施。加强疏散逃生和自救互救等防灾减灾宣传培训、应急演练及救治。（民

政部牵头，教育部、国土资源部、交通运输部、水利部、国家卫生计生委、中国地震局、中国气象局等按职责分工负责）

减少儿童意外伤害和老年人跌倒致残。开展儿童意外伤害社区、家庭综合干预，创造儿童安全生活环境。积极开展儿童步行、乘车、骑车和防范溺水、跌落、误食等风险的安全教育。完善产品风险和伤害监测体系，实施产品安全预警和风险通报等干预措施，减少儿童意外伤害发生。加强对玩具、电子产品的质量监督和分级管理，减少对儿童青少年视力、听力、精神等方面的伤害。改造易致跌倒的危险环境，提高老年人及其照料者预防跌倒的意识和能力。（教育部、公安部、民政部、质检总局、全国妇联按职责分工负责）

（四）显著改善康复服务。

加强康复服务。建立残疾儿童康复救助制度，普遍开展残疾儿童早期康复。推广疾病早期康复治疗，减少残疾发生，减轻残疾程度。将残疾人健康管理和社区康复纳入国家基本公共服务清单，为残疾人提供登记管理、健康指导、康复指导、定期随访等服务。制定残疾人基本康复服务目录，实施精准康复服务行动。残疾人基本康复服务覆盖率达80%以上。（教育部、民政部、国家卫生计生委、中国残联按职责分工负责）

推广辅助器具服务。开展残疾人辅助器具个性化适配，重点普及助听器、助视器、假肢等残疾人急需的辅助器具。将贫困残疾人基本型辅助器具补贴纳入基本公共服务项目清单，鼓励有条件的地方对残疾人基本型辅助器具适配给予补贴。开展辅助器具租赁和回收再利用等社区服务，就近就便满足残疾人短期及应急辅助器具需求。残疾人基本型辅助器具适配率达80%以上。（民政部、中国残联按职责分工负责）

推进无障碍环境建设。推进政府机关、公共服务、公共交通、社区等场所、设施的无障碍改造，新（改、扩）建道路、建筑物和居住区严格执行国家无障碍设计规范。有条件的地方对贫困残疾人家庭无障碍改造给予补贴。加强信息无障碍建设，鼓励省（区、市）、市（地）电视台开设手语栏目，市（地）级以上政府网站无障碍服务能力建设达到基本水平。（中央网信办、工业和信息化部、住房城乡建设部、交通运输部、新闻出版广电总局、中国残联等按职责分工负责）

三、保障措施

（一）加强组织领导，完善工作机制。

将残疾预防工作纳入经济社会发展总体规划及相关部门工作职责。相关部门负责在各自职责范围内做好遗传和发育、疾病、伤害等因素致残的预防工作。各级政府残疾人工作委员会负责组织开展残疾预防和残疾人康复工作，统筹实施本行动计划。（各级残疾人工作委员会及其成员单位、各省级人民政府按职责分工负责）

（二）健全法规政策，加大投入力度。

加强残疾预防相关立法，推动完善母婴保健、疾病防控、安全生产、道路交通安全、食品药品安全、环境保护、残疾康复等重点领域的法律法规。制定完善残疾预防相关技术规范、标准。不断完善工伤保险辅助器具管理制度。落实好将康复综合评定等20项医疗康复项目纳入基本医疗保险支付范围的政策。加强对重大致残性疾病患者群体的救治救助，将符合条件的贫困严重精神障碍患者全部纳入医疗救助。实施重点康复项目，为城乡贫困残疾人、重度残疾人提供基本康复服务。在安排重大公共卫生服务项目时适当向残疾预防领域倾斜。（国家发展改革委、教育部、科技部、民政部、财政部、人力资源社会保障部、国家卫生计生委、质检总局、安全监管总局、国务院法制办、中国残联按职责分工负责）

（三）完善服务体系，强化人才队伍。

以基层为重点加强公共卫生、卫生应急、医疗服务、安全保障和监管、应急救援、环境污染防治、农产品和食品药品安全监管、康复服务等体系建设，改善基础设施条件，提高服务能力。充分发挥专业服务机构的重要作用，指导社区、家庭做好残疾预防，形成综合性、社会化的残疾预防服务网络。加强医务人员残疾预防知识技能教育培训，加大残疾预防相关人才培养力度，做好相关专业人员的学历教育和继续教育。加快残疾预防领域学科带头人、创新型人才及技术技能人才培养，支持高等学校和职业学校开设康复相关专业。加强专业社会工作者、助残志愿者培训，打造适应残疾预防工作需要的人才队伍。（国家发展改革委、教育部、民政部、人力资源社会保障部、国家卫生计生委、安全监管总局、食品药品监管总局、中国残联按职责分工负责）

（四）优化支持政策，引导社会参与。

推广政府和社会资本合作模式，吸引社会资本参与残疾预防项目投资、运营管理，提高残疾预防服务供给能力和效率。推进民办公助，通过补助投资、贷款贴息、运营补贴等方式，支持社会力量举办医疗、康复、辅助器具等相关服务机构，并鼓励其参与承接政府购买服务，在学科建设、人才培养等方面，享受与公立机构同等政策待遇。鼓励各类创业投资机构和融资担保机构对残疾预防领域创新型新业态、小微企业开展业务。鼓励老年人、残疾人、高风险职业从业者等群体投保健康保险、长期护理保险、意外伤害保险等人身保险产品，鼓励和引导商业保险公司开展相关业务。倡导各类企业、社会组织开展形式多样的慈善活动，通过捐款捐赠、志愿服务、设立基金会等方式，支持和参与残疾预防工作。（国家发展改革委、民政部、财政部、人力资源社会保障部、国家卫生计生委、保监会、中国残联按职责分工负责）

（五）加强科学研究，实施重点监测。

加强科技部署，按照科技计划（专项、基金等）管理改革要求，统筹布局残疾预防相关科研工作。鼓励高校、科研机构等积极开展致残原因、机理、预防策略与干预技术等方面研究，促进先进、适宜技术及产品在残疾预防领域的应用推广。推进残疾预防综合试验区试点，加强对残疾预防基础信息的收集、分析和研究，建立统一的残疾报告制度，利用互联网、物联网等信息技术，提升残疾预防大数据利用能力，及时掌握残疾发生的特点特征和变化趋势，有针对性地采取应对措施。对出生缺陷、慢性病、意外伤害、环境污染、食品药品安全等重点领域实施动态监测，及时发布预警信息。（中央网信办、教育部、科技部、民政部、财政部、人力资源社会保障部、国家卫生计生委、安全监管总局、食品药品监管总局、中国残联按职责分工负责）

（六）加强宣传教育，提高预防意识。

推动设立"全国残疾预防日"。加强残疾预防法治宣传教育，提高政府部门、医疗卫生机构、企事业单位、社会组织、家庭和个人的残疾预防法治观念、责任意识。利用全国爱耳日、全国爱眼日、国际减灾日、全国防灾减灾日、全国中小学生安全教育日、全国消防日、全国交通安全日等宣传节点，发布残疾预防信息，宣讲残疾预防知识，广泛开展残疾预防"进社区、进校园、进家庭"宣传教育活动，增强全社会自我防护的意识和能力。采取针对性措施，做好残疾高发地区、领域及围孕围产期妇女、儿童、青少年、老年人、高风险职业从业者等重点群体的宣传教育工作。（中央宣传部、中央网信办、教育部、工业和信息化部、公安部、民政部、人力资源社会保障部、环境保护部、国家卫生计生委、新闻出版广电总局、安全监管总局、全国总工会、共青团中央、全国妇联、中国残联按职责分工负责）

四、督导检查

国务院残疾人工作委员会适时组织开展督导检查，2020年实施终期检查。地方各级残疾人工作委员会负责做好本地的督导检查。

# 残疾人就业保障金征收使用管理办法

关于印发《残疾人就业保障金征收使用管理办法》的通知

财税〔2015〕72 号

各省、自治区、直辖市财政厅（局）、地方税务局、国家
税务局、残疾人联合会：

为了规范残疾人就业保障金征收使用管理，促进残疾
人就业，保障残疾人权益，根据《残疾人保障法》、《残
疾人就业条例》的规定，我们制定了《残疾人就业保障金
征收使用管理办法》，现印发给你们，请遵照执行。

财政部　国家税务总局　中国残疾人联合会

2015 年 9 月 9 日

# 第一章　总　　则

**第一条**　为了规范残疾人就业保障金（以下简称保障金）征收
使用管理，促进残疾人就业，根据《残疾人保障法》、《残疾人就
业条例》的规定，制定本办法。

**第二条**　保障金是为保障残疾人权益，由未按规定安排残疾人
就业的机关、团体、企业、事业单位和民办非企业单位（以下简称

用人单位）缴纳的资金。

  **第三条** 保障金的征收、使用和管理，适用本办法。

  **第四条** 本办法所称残疾人，是指持有《中华人民共和国残疾人证》上注明属于视力残疾、听力残疾、言语残疾、肢体残疾、智力残疾、精神残疾和多重残疾的人员，或者持有《中华人民共和国残疾军人证》（1 至 8 级）的人员。

  **第五条** 保障金的征收、使用和管理应当接受财政部门的监督检查和审计机关的审计监督。

# 第二章 征收缴库

  **第六条** 用人单位安排残疾人就业的比例不得低于本单位在职职工总数的 1.5%。具体比例由各省、自治区、直辖市人民政府根据本地区的实际情况规定。

  用人单位安排残疾人就业达不到其所在地省、自治区、直辖市人民政府规定比例的，应当缴纳保障金。

  **第七条** 用人单位将残疾人录用为在编人员或依法与就业年龄段内的残疾人签订 1 年以上（含 1 年）劳动合同（服务协议），且实际支付的工资不低于当地最低工资标准，并足额缴纳社会保险费的，方可计入用人单位所安排的残疾人就业人数。

  用人单位安排 1 名持有《中华人民共和国残疾人证》（1 至 2 级）或《中华人民共和国残疾军人证》（1 至 3 级）的人员就业的，按照安排 2 名残疾人就业计算。

  用人单位跨地区招用残疾人的，应当计入所安排的残疾人就业人数。

  **第八条** 保障金按上年用人单位安排残疾人就业未达到规定比例的差额人数和本单位在职职工年平均工资之积计算缴纳。计算公式如下：

  保障金年缴纳额 ＝（上年用人单位在职职工人数×所在地省、自治区、直辖市人民政府规定的安排残疾人就业比例-上年用人单位实际安排的残疾人就业人数）×上年用人单位在职职工年平均工资。

用人单位在职职工，是指用人单位在编人员或依法与用人单位签订1年以上（含1年）劳动合同（服务协议）的人员。季节性用工应当折算为年平均用工人数。以劳务派遣用工的，计入派遣单位在职职工人数。

用人单位安排残疾人就业未达到规定比例的差额人数，以公式计算结果为准，可以不是整数。

上年用人单位在职职工年平均工资，按用人单位上年在职职工工资总额除以用人单位在职职工人数计算。

**第九条** 保障金由用人单位所在地的地方税务局负责征收。没有分设地方税务局的地方，由国家税务局负责征收。

有关省、自治区、直辖市对保障金征收机关另有规定的，按其规定执行。

**第十条** 保障金一般按月缴纳。

用人单位应按规定时限向保障金征收机关申报缴纳保障金。在申报时，应提供本单位在职职工人数、实际安排残疾人就业人数、在职职工年平均工资等信息，并保证信息的真实性和完整性。

**第十一条** 保障金征收机关应当定期对用人单位进行检查。发现用人单位申报不实、少缴纳保障金的，征收机关应当催报并追缴保障金。

**第十二条** 残疾人就业服务机构应当配合保障金征收机关做好保障金征收工作。

用人单位应按规定时限如实向残疾人就业服务机构申报上年本单位安排的残疾人就业人数。未在规定时限申报的，视为未安排残疾人就业。

残疾人就业服务机构进行审核后，确定用人单位实际安排的残疾人就业人数，并及时提供给保障金征收机关。

**第十三条** 保障金征收机关征收保障金时，应当向用人单位开具省级财政部门统一印制的票据或税收票证。

**第十四条** 保障金全额缴入地方国库。

地方各级人民政府之间保障金的分配比例，由各省、自治区、直辖市财政部门商残疾人联合会确定。

具体缴库办法按照省级财政部门的规定执行。

**第十五条** 保障金由税务机关负责征收的，应积极采取财税库银税收收入电子缴库横向联网方式征缴保障金。

**第十六条** 自工商登记注册之日起 3 年内，对安排残疾人就业未达到规定比例、在职职工总数 20 人以下（含 20 人）的小微企业，免征保障金。

**第十七条** 用人单位遇不可抗力自然灾害或其他突发事件遭受重大直接经济损失，可以申请减免或者缓缴保障金。具体办法由各省、自治区、直辖市财政部门规定。

用人单位申请减免保障金的最高限额不得超过 1 年的保障金应缴额，申请缓缴保障金的最长期限不得超过 6 个月。

批准减免或者缓缴保障金的用人单位名单，应当每年公告一次。公告内容应当包括批准机关、批准文号、批准减免或缓缴保障金的主要理由等。

**第十八条** 保障金征收机关应当严格按规定的范围、标准和时限要求征收保障金，确保保障金及时、足额征缴到位。

**第十九条** 任何单位和个人均不得违反本办法规定，擅自减免或缓征保障金，不得自行改变保障金的征收对象、范围和标准。

**第二十条** 各地应当建立用人单位按比例安排残疾人就业及缴纳保障金公示制度。

残疾人联合会应当每年向社会公布本地区用人单位应安排残疾人就业人数、实际安排残疾人就业人数和未按规定安排残疾人就业人数。

保障金征收机关应当定期向社会公布本地区用人单位缴纳保障金情况。

# 第三章　使用管理

**第二十一条**　保障金纳入地方一般公共预算统筹安排，主要用于支持残疾人就业和保障残疾人生活。支持方向包括：

（一）残疾人职业培训、职业教育和职业康复支出。

（二）残疾人就业服务机构提供残疾人就业服务和组织职业技能竞赛（含展能活动）支出。补贴用人单位安排残疾人就业所需设施设备购置、改造和支持性服务费用。补贴辅助性就业机构建设和运行费用。

（三）残疾人从事个体经营、自主创业、灵活就业的经营场所租赁、启动资金、设施设备购置补贴和小额贷款贴息。各种形式就业残疾人的社会保险缴费补贴和用人单位岗位补贴。扶持农村残疾人从事种植、养殖、手工业及其他形式生产劳动。

（四）奖励超比例安排残疾人就业的用人单位，以及为安排残疾人就业做出显著成绩的单位或个人。

（五）对从事公益性岗位就业、辅助性就业、灵活就业，收入达不到当地最低工资标准、生活确有困难的残疾人的救济补助。

（六）经地方人民政府及其财政部门批准用于促进残疾人就业和保障困难残疾人、重度残疾人生活等其他支出。

**第二十二条**　地方各级残疾人联合会所属残疾人就业服务机构的正常经费开支，由地方同级财政预算统筹安排。

**第二十三条**　各地要积极推行政府购买服务，按照政府采购法律制度规定选择符合要求的公办、民办等各类就业服务机构，承接残疾人职业培训、职业教育、职业康复、就业服务和就业援助等工作。

**第二十四条**　地方各级残疾人联合会、财政部门应当每年向社会公布保障金用于支持残疾人就业和保障残疾人生活支出情况，接受社会监督。

# 第四章 法律责任

**第二十五条** 单位和个人违反本办法规定，有下列情形之一的，依照《财政违法行为处罚处分条例》和《违反行政事业性收费和罚没收入收支两条线管理规定行政处分暂行规定》等国家有关规定追究法律责任；涉嫌犯罪的，依法移送司法机关处理：

（一）擅自减免保障金或者改变保障金征收范围、对象和标准的；

（二）隐瞒、坐支应当上缴的保障金的；

（三）滞留、截留、挪用应当上缴的保障金的；

（四）不按照规定的预算级次、预算科目将保障金缴入国库的；

（五）违反规定使用保障金的；

（六）其他违反国家财政收入管理规定的行为。

**第二十六条** 用人单位未按规定缴纳保障金的，按照《残疾人就业条例》的规定，由保障金征收机关提交财政部门，由财政部门予以警告，责令限期缴纳；逾期仍不缴纳的，除补缴欠缴数额外，还应当自欠缴之日起，按日加收5‰的滞纳金。滞纳金按照保障金入库预算级次缴入国库。

**第二十七条** 保障金征收、使用管理有关部门的工作人员违反本办法规定，在保障金征收和使用管理工作中滥用职权、玩忽职守、徇私舞弊的，依法给予处分；涉嫌犯罪的，依法移送司法机关。

# 第五章 附 则

**第二十八条** 各省、自治区、直辖市财政部门会同税务部门、残疾人联合会根据本办法制定具体实施办法，并报财政部、国家税务总局、中国残疾人联合会备案。

第二十九条 本办法由财政部会同国家税务总局、中国残疾人联合会负责解释。

第三十条 本办法自 2015 年 10 月 1 日起施行。《财政部关于发布〈残疾人就业保障金管理暂行规定〉的通知》 （财综字〔1995〕5 号）及其他与本办法不符的规定同时废止。

# 附　录

## 促进残疾人就业增值税优惠政策管理办法

国家税务总局关于发布
《促进残疾人就业增值税优惠政策管理办法》的公告
国家税务总局公告 2016 年第 33 号

为规范和完善促进残疾人就业增值税优惠政策管理，国家税务总局制定了《促进残疾人就业增值税优惠政策管理办法》，现予以公布，自 2016 年 5 月 1 日起施行。

特此公告。

附件：安置残疾人纳税人申请增值税退税声明
http：//www.chinatax.gov.cn/n810341/n810755/
c2159348/content.html

国家税务总局
2016 年 5 月 27 日

**第一条**　为加强促进残疾人就业增值税优惠政策管理，根据《财政部 国家税务总局关于促进残疾人就业增值税优惠政策的通知》（财税〔2016〕52 号）、《国家税务总局关于发布〈税收减免管理办法〉的公告》（国家税务总局公告 2015 年第 43 号）及有关规定，制定本办法。

第二条 纳税人享受安置残疾人增值税即征即退优惠政策，适用本办法规定。

本办法所指纳税人，是指安置残疾人的单位和个体工商户。

第三条 纳税人首次申请享受税收优惠政策，应向主管税务机关提供以下备案资料：

（一）《税务资格备案表》。

（二）安置的残疾人的《中华人民共和国残疾人证》或者《中华人民共和国残疾军人证（1至8级）》复印件，注明与原件一致，并逐页加盖公章。安置精神残疾人的，提供精神残疾人同意就业的书面声明以及其法定监护人签字或印章的证明精神残疾人具有劳动条件和劳动意愿的书面材料。

（三）安置的残疾人的身份证明复印件，注明与原件一致，并逐页加盖公章。

第四条 主管税务机关受理备案后，应将全部《中华人民共和国残疾人证》或者《中华人民共和国残疾军人证（1至8级）》信息以及所安置残疾人的身份证明信息录入征管系统。

第五条 纳税人提供的备案资料发生变化的，应于发生变化之日起15日内就变化情况向主管税务机关办理备案。

第六条 纳税人申请退还增值税时，需报送如下资料：

（一）《退（抵）税申请审批表》。

（二）《安置残疾人纳税人申请增值税退税声明》（见附件）。

（三）当期为残疾人缴纳社会保险费凭证的复印件及由纳税人加盖公章确认的注明缴纳人员、缴纳金额、缴纳期间的明细表。

（四）当期由银行等金融机构或纳税人加盖公章的按月为残疾人支付工资的清单。

特殊教育学校举办的企业，申请退还增值税时，不提供资料（三）和资料（四）。

第七条 纳税人申请享受税收优惠政策，应对报送资料的真实性和合法性承担法律责任。主管税务机关对纳税人提供资料的完整性和增值税退税额计算的准确性进行审核。

**第八条** 主管税务机关受理退税申请后，查询纳税人的纳税信用等级，对符合信用条件的，审核计算应退增值税额，并按规定办理退税。

**第九条** 纳税人本期应退增值税额按以下公式计算：

本期应退增值税额＝本期所含月份每月应退增值税额之和

月应退增值税额＝纳税人本月安置残疾人员人数×本月月最低工资标准的 4 倍

月最低工资标准，是指纳税人所在区县（含县级市、旗）适用的经省（含自治区、直辖市、计划单列市）人民政府批准的月最低工资标准。

纳税人本期已缴增值税额小于本期应退税额不足退还的，可在本年度内以前纳税期已缴增值税额扣除已退增值税额的余额中退还，仍不足退还的可结转本年度内以后纳税期退还。年度已缴增值税额小于或等于年度应退税额的，退税额为年度已缴增值税额；年度已缴增值税额大于年度应退税额的，退税额为年度应退税额。年度已缴增值税额不足退还的，不得结转以后年度退还。

**第十条** 纳税人新安置的残疾人从签订劳动合同并缴纳社会保险的次月起计算，其他职工从录用的次月起计算；安置的残疾人和其他职工减少的，从减少当月计算。

**第十一条** 主管税务机关应于每年 2 月底之前，在其网站或办税服务厅，将本地区上一年度享受安置残疾人增值税优惠政策的纳税人信息，按下列项目予以公示：纳税人名称、纳税人识别号、法人代表、计算退税的残疾人职工人次等。

**第十二条** 享受促进残疾人就业增值税优惠政策的纳税人，对能证明或印证符合政策规定条件的相关材料负有留存备查义务。纳税人在税务机关后续管理中不能提供相关材料的，不得继续享受优惠政策。税务机关应追缴其相应纳税期内已享受的增值税退税，并依照税收征管法及其实施细则的有关规定处理。

第十三条　各地税务机关要加强税收优惠政策落实情况的后续管理，对纳税人进行定期或不定期检查。检查发现纳税人不符合财税〔2016〕52 号文件规定的，按有关规定予以处理。

第十四条　本办法实施前已办理税收优惠资格备案的纳税人，主管税务机关应检查其已备案资料是否满足本办法第三条规定，残疾人信息是否已按第四条规定录入信息系统，如有缺失，应要求纳税人补充报送备案资料，补录信息。

第十五条　各省、自治区、直辖市和计划单列市国家税务局，应定期或不定期在征管系统中对残疾人信息进行比对，发现异常的，按相关规定处理。

第十六条　本办法自 2016 年 5 月 1 日起施行。

# 关于促进残疾人就业政府采购政策的通知

## 财库〔2017〕141 号

党中央有关部门，国务院各部委、各直属机构，全国人大常委会办公厅，全国政协办公厅，高法院，高检院，各民主党派中央，有关人民团体，各省、自治区、直辖市、计划单列市财政厅（局）、民政厅（局）、残疾人联合会，新疆生产建设兵团财务局、民政局、残疾人联合会：

为了发挥政府采购促进残疾人就业的作用，进一步保障残疾人权益，依照《政府采购法》、《残疾人保障法》等法律法规及相关规定，现就促进残疾人就业政府采购政策通知如下：

一、享受政府采购支持政策的残疾人福利性单位应当同时满足以下条件：

（一）安置的残疾人占本单位在职职工人数的比例不低于 25%（含 25%），并且安置的残疾人人数不少于 10 人（含 10 人）；

（二）依法与安置的每位残疾人签订了一年以上（含一年）的劳动合同或服务协议；

（三）为安置的每位残疾人按月足额缴纳了基本养老保险、基本医疗保险、失业保险、工伤保险和生育保险等社会保险费；

（四）通过银行等金融机构向安置的每位残疾人，按月支付了不低于单位所在区县适用的经省级人民政府批准的月最低工资标准的工资；

（五）提供本单位制造的货物、承担的工程或者服务（以下简称产品），或者提供其他残疾人福利性单位制造的货物（不包括使用非残疾人福利性单位注册商标的货物）。

前款所称残疾人是指法定劳动年龄内，持有《中华人民共和国残疾人证》或者《中华人民共和国残疾军人证（1至8级）》的自然人，包括具有劳动条件和劳动意愿的精神残疾人。在职职工人数是指与残疾人福利性单位建立劳动关系并依法签订劳动合同或者服务协议的雇员人数。

二、符合条件的残疾人福利性单位在参加政府采购活动时，应当提供本通知规定的《残疾人福利性单位声明函》（见附件），并对声明的真实性负责。任何单位或者个人在政府采购活动中均不得要求残疾人福利性单位提供其他证明声明函内容的材料。

中标、成交供应商为残疾人福利性单位的，采购人或者其委托的采购代理机构应当随中标、成交结果同时公告其《残疾人福利性单位声明函》，接受社会监督。

供应商提供的《残疾人福利性单位声明函》与事实不符的，依照《政府采购法》第七十七条第一款的规定追究法律责任。

三、在政府采购活动中，残疾人福利性单位视同小型、微型企业，享受预留份额、评审中价格扣除等促进中小企业发展的政府采购政策。向残疾人福利性单位采购的金额，计入面向中小企业采购的统计数据。残疾人福利性单位属于小型、微型企业的，不重复享受政策。

四、采购人采购公开招标数额标准以上的货物或者服务，因落实促进残疾人就业政策的需要，依法履行有关报批程序后，可采用公开招标以外的采购方式。

五、对于满足要求的残疾人福利性单位产品，集中采购机构可直接纳入协议供货或者定点采购范围。各地区建设的政府采购电子卖场、电子商城、网上超市等应当设立残疾人福利性单位产品专栏。鼓励采购人优先选择残疾人福利性单位的产品。

六、省级财政部门可以结合本地区残疾人生产、经营的实际情况，细化政府采购支持措施。对符合国家有关部门规定条件的残疾人辅助性就业机构，可通过上述措施予以支持。各地制定的有关文件应当报财政部备案。

七、本通知自 2017 年 10 月 1 日起执行。

附件：残疾人福利性单位声明函（略）

财政部　民政部　中国残疾人联合会

2017 年 8 月 22 日

# 关于促进残疾人就业增值税优惠政策的通知

财税〔2016〕52号

各省、自治区、直辖市、计划单列市财政厅（局）、国家税务局，新疆生产建设兵团财务局：

为继续发挥税收政策促进残疾人就业的作用，进一步保障残疾人权益，经国务院批准，决定对促进残疾人就业的增值税政策进行调整完善。现将有关政策通知如下：

一、对安置残疾人的单位和个体工商户（以下称纳税人），实行由税务机关按纳税人安置残疾人的人数，限额即征即退增值税的办法。

安置的每位残疾人每月可退还的增值税具体限额，由县级以上税务机关根据纳税人所在区县（含县级市、旗，下同）适用的经省（含自治区、直辖市、计划单列市，下同）人民政府批准的月最低工资标准的4倍确定。

二、享受税收优惠政策的条件

（一）纳税人（除盲人按摩机构外）月安置的残疾人占在职职工人数的比例不低于25%（含25%），并且安置的残疾人人数不少于10人（含10人）；

盲人按摩机构月安置的残疾人占在职职工人数的比例不低于25%（含25%），并且安置的残疾人人数不少于5人（含5人）。

（二）依法与安置的每位残疾人签订了一年以上（含一年）的劳动合同或服务协议。

（三）为安置的每位残疾人按月足额缴纳了基本养老保险、基本医疗保险、失业保险、工伤保险和生育保险等社会保险。

（四）通过银行等金融机构向安置的每位残疾人，按月支付了不低于纳税人所在区县适用的经省人民政府批准的月最低工资标准的工资。

三、《财政部国家税务总局关于教育税收政策的通知》（财税〔2004〕39号）第一条第7项规定的特殊教育学校举办的企业，只要符合本通知第二条第（一）项第一款规定的条件，即可享受本通知第一条规定的增值税优惠政策。这类企业在计算残疾人人数时可将在企业上岗工作的特殊教育学校的全日制在校学生计算在内，在计算企业在职职工人数时也要将上述学生计算在内。

四、纳税人中纳税信用等级为税务机关评定的C级或D级的，不得享受本通知第一条、第三条规定的政策。

五、纳税人按照纳税期限向主管国税机关申请退还增值税。本纳税期已交增值税额不足退还的，可在本纳税年度内以前纳税期已交增值税扣除已退增值税的余额中退还，仍不足退还的可结转本纳税年度内以后纳税期退还，但不得结转以后年度退还。纳税期限不为按月的，只能对其符合条件的月份退还增值税。

六、本通知第一条规定的增值税优惠政策仅适用于生产销售货物，提供加工、修理修配劳务，以及提供营改增现代服务和生活服务税目（不含文化体育服务和娱乐服务）范围的服务取得的收入之和，占其增值税收入的比例达到50%的纳税人，但不适用于上述纳税人直接销售外购货物（包括商品批发和零售）以及销售委托加工的货物取得的收入。

纳税人应当分别核算上述享受税收优惠政策和不得享受税收优惠政策业务的销售额，不能分别核算的，不得享受本通知规定的优惠政策。

七、如果既适用促进残疾人就业增值税优惠政策，又适用重点群体、退役士兵、随军家属、军转干部等支持就业的增值税优惠政策的，纳税人可自行选择适用的优惠政策，但不能累加执行。一经选定，36个月内不得变更。

八、残疾人个人提供的加工、修理修配劳务，免征增值税。

九、税务机关发现已享受本通知增值税优惠政策的纳税人，存在不符合本通知第二条、第三条规定条件，或者采用伪造或重复使用残疾人证、残疾军人证等手段骗取本通知规定的增值税优惠的，应将纳税人发生上述违法违规行为的纳税期内按本通知已享受到的退税全额追缴入库，并自发现当月起36个月内停止其享受本通知规定的各项税收优惠。

十、本通知有关定义

（一）残疾人，是指法定劳动年龄内，持有《中华人民共和国残疾人证》或者《中华人民共和国残疾军人证（1至8级）》的自然人，包括具有劳动条件和劳动意愿的精神残疾人。

（二）残疾人个人，是指自然人。

（三）在职职工人数，是指与纳税人建立劳动关系并依法签订劳动合同或者服务协议的雇员人数。

（四）特殊教育学校举办的企业，是指特殊教育学校主要为在校学生提供实习场所、并由学校出资自办、由学校负责经营管理、经营收入全部归学校所有的企业。

十一、本通知规定的增值税优惠政策的具体征收管理办法，由国家税务总局制定。

十二、本通知自2016年5月1日起执行，《财政部国家税务总局关于促进残疾人就业税收优惠政策的通知》（财税〔2007〕92号）、《财政部国家税务总局关于将铁路运输和邮政业纳入营业税改征增值税试点的通知》（财税〔2013〕106号）附件3第二条第（二）项同时废止。纳税人2016年5月1日前执行财税〔2007〕92号和财税〔2013〕106号文件发生的应退未退的增值税余额，可按照本通知第五条规定执行。

财政部　国家税务总局

2016年5月5日

# 中共中央组织部等 7 部门关于促进
## 残疾人按比例就业的意见

残联发〔2013〕11 号

各省、自治区、直辖市及计划单列市党委组织部、编制办公室、财政厅（局）、人力资源社会保障厅（局）、国资委、公务员局、残联，新疆生产建设兵团党委组织部、编制办公室、财务局、人力资源社会保障局、国资委、公务员局、残联：

残疾人是就业困难群体。为保障残疾人劳动就业权益，上世纪 90 年代，我国参照国际通行做法，建立了用人单位按比例安排残疾人就业制度。这一制度的实施对于建立完善残疾人就业保护和就业促进制度体系，改善残疾人就业状况发挥了重要作用。按比例就业已成为我国残疾人就业的一种重要形式。但从实践看，目前残疾人按比例就业仍然存在着相关规定落实难、用人单位缺乏主动性和积极性等问题。为进一步促进残疾人按比例就业，现提出以下意见。

一、依法推进残疾人按比例就业

（一）《中华人民共和国残疾人保障法》规定"国家实行按比例安排残疾人就业制度"。《残疾人就业条例》进一步明确"用人单位应当按照一定比例安排残疾人就业，并为其提供适当的工种、岗位"。这些规定确立了我国按比例安排残疾人就业的法律制度，明确了按比例安排残疾人就业是用人单位的责任和义务，体现了对残疾人就业权利的尊重和保护。各地要根据国家法律规定，制定地方配套法规政策，进一步细化按比例就业的有关规定，增强可操作性和规范性，提高执行力和约束力。要依法行政，推动用人单位履行法律责任和义务。要加大执法检查力度，把残疾人按比例就业列为重点检查内容，发现问题，及时通报，妥善纠正和解决。

二、推动党政机关、事业单位及国有企业带头安排残疾人就业

（二）《中共中央国务院关于促进残疾人事业发展的意见》（中发〔2008〕7号）明确提出"党政机关、事业单位及国有企业要带头安置残疾人"。党政机关、事业单位及国有企业应当为全社会作出表率，率先垂范招录和安置残疾人。根据残疾人按比例就业制度相关规定，各级机关、事业单位应包含一定数量的岗位用于残疾人就业。

（三）各级党政机关在坚持具有正常履行职责的身体条件的前提下，对残疾人能够胜任的岗位，在同等条件下要鼓励优先录用残疾人。各地要切实维护残疾人平等报考公务员的权利，除特殊岗位外，不得额外设置限制残疾人报考的条件。招录机关专设残疾人招录岗位时，省级以上公务员主管部门要给予放宽开考比例等倾斜政策。各地在招录公务员时，要结合实际，采取适当措施，努力为残疾人考生创造良好的考试环境。

（四）各级残疾人工作委员会成员单位要率先招录残疾人，继而带动其他党政机关。各级党政机关中的非公务员岗位（科研、技术、后勤等），要积极安排残疾人就业，并依法与残疾职工订立劳动合同，保障其合法权益。到2020年，所有省级党政机关、地市级残工委主要成员单位至少安排有1名残疾人。各级残联机关干部队伍中都要有一定数量的残疾人干部，其中省级残联机关干部队伍中残疾人干部的比例应达到15%以上。

（五）各级党政机关要督导所属各类事业单位做好按比例安排残疾人就业工作。各类事业单位要结合本单位岗位构成情况，确定适合残疾人就业的岗位，多渠道招聘残疾人。

（六）国有和国有控股企业应根据行业特点，确定适合残疾人就业的岗位，招录符合岗位要求的残疾人就业。企业对招录的残疾人应依据《中华人民共和国劳动合同法》订立劳动合同，实行同工同酬。

三、加大对用人单位的补贴、奖励和惩处力度

（七）认真贯彻《中华人民共和国就业促进法》及相关法律法

规，落实就业专项资金管理的有关规定，对参加职业培训、职业技能鉴定并符合条件的残疾人给予职业培训、职业技能鉴定补贴，对吸纳残疾人就业并符合条件的用人单位，按规定给予社会保险补贴。

（八）加大残疾人就业保障金（以下简称残保金）对按比例和超比例安置残疾人就业单位的奖励力度，提高用人单位安排残疾人就业的积极性。

（九）用人单位安排残疾人就业达不到规定比例的，应严格按规定标准交纳残保金。对拒不安排残疾人就业又不缴纳残保金的用人单位，可采取通报、申请法院强制执行等措施。各地应将用人单位是否履行按比例安排残疾人就业义务纳入各类先进单位评选标准，对于不履行义务的用人单位，不能参评先进单位，其主要负责同志不能参评先进个人。

四、加强对用人单位按比例安排残疾人的就业服务

（十）加强培训提高残疾人就业能力，是促进残疾人按比例就业的基础。各地要贯彻落实《关于加强残疾人职业培训促进就业工作的通知》（残联发〔2012〕15号）精神，下大力气抓好残疾人职业培训。准确了解用人单位用工情况，结合岗位需求，有针对性地组织残疾人开展订单培训、定向培训、定岗培训，不断提高残疾人职业技能，以适应用人单位需求。

（十一）各级公共就业服务机构和残疾人就业服务机构要发挥好用人单位与残疾人之间的桥梁和纽带作用，准确掌握辖区内就业年龄段残疾人的基本情况，加快完善残疾人就业需求登记制度；全面了解辖区用人单位的岗位需求，定期做好信息发布。主动走进残疾人家庭和用人单位，掌握第一手信息，重点做好向用人单位的推荐工作。协助用人单位定期或不定期开展残疾人招聘活动，促进用人单位按比例安排残疾人。

五、齐抓共管协力促进残疾人按比例就业

（十二）残疾人按比例就业是国家为保护和促进残疾人就业而

采取的重要举措，是法律赋予用人单位的责任和义务。各有关部门要高度重视这一工作，建立促进残疾人按比例就业的协调工作机制，共同做好制度完善、政策落实、监督管理等各项工作。加强对按比例就业法规政策、履行法律义务的用人单位的宣传，进一步扩大社会影响，营造良好的社会环境。

（十三）各级人力资源社会保障部门要依法加强残疾人劳动权益维护工作。各类职业院校和培训机构要积极参与和承担残疾人职业培训职责。公共就业服务机构和基层劳动就业社会保障服务平台要加强对残疾人的就业服务和就业援助。

（十四）各级公务员主管部门负责落实并指导各部门做好残疾人公务员招录工作。要建立党政机关残疾人公务员实名制统计制度，准确掌握残疾人公务员底数。

（十五）各级事业单位登记管理部门在事业单位登记管理、绩效评估和年度审核工作中，要积极引导事业单位按比例安排残疾人就业。

（十六）各级国资委要重视并督促国有及国有控股企业按比例安排残疾人就业工作，积极推进残疾人就业工作。

（十七）财政部将会同国务院有关部门重新修订《残疾人就业保障金管理暂行办法》（财综字〔1995〕5号），各省（区、市）要认真落实并相应修订完善本地区残保金具体实施办法，更好地发挥残保金对促进残疾人就业的作用。各地要大力加强残保金征收使用管理。落实征收机关的责任，完善征收措施、规范征收程序、加大征收力度，做到依法征收、应收尽收。建立责任追究制度，对擅自多征、减征、缓征残保金的，要严肃追究责任人的责任。进一步规范残保金使用管理，残保金要专项用于残疾人职业培训、奖励超比例安置残疾人单位、扶持残疾人就业相关支出，不得挪作他用。要将残保金收支纳入各级政府性基金预算管理，提高资金使用效益。

（十八）各级残联及所属残疾人就业服务机构要积极主动做好

残疾人按比例就业工作。沟通协调有关部门，进一步健全规范按比例就业制度。着力抓好残疾人职业培训，提高残疾人就业能力，向用人单位主动介绍、推荐残疾人；落实对按比例和超比例安排残疾人就业单位的补贴和奖励；加强对用人单位按比例安排残疾人就业情况的年审和检查、监督，完善各项服务。

（十九）各省、自治区、直辖市、计划单列市和新疆生产建设兵团有关部门要根据本意见精神，协商制定具体实施意见，并于2013 年 12 月 31 日前报送上级主管部门。

中共中央组织部中央机构编制委员会办公室

财政部人力资源和社会保障部

国务院国有资产监督管理委员会

国家公务员局

中国残疾人联合会

2013 年 8 月 19 日

# 无障碍环境建设条例

中华人民共和国国务院令

第 622 号

《无障碍环境建设条例》已经 2012 年 6 月 13 日国务院第 208 次常务会议通过，现予公布，自 2012 年 8 月 1 日起施行。

总理　温家宝

二○一二年六月二十八日

## 第一章　总　　则

**第一条**　为了创造无障碍环境，保障残疾人等社会成员平等参与社会生活，制定本条例。

**第二条**　本条例所称无障碍环境建设，是指为便于残疾人等社会成员自主安全地通行道路、出入相关建筑物、搭乘公共交通工具、交流信息、获得社区服务所进行的建设活动。

**第三条**　无障碍环境建设应当与经济和社会发展水平相适应，遵循实用、易行、广泛受益的原则。

**第四条**　县级以上人民政府负责组织编制无障碍环境建设发展

规划并组织实施。

编制无障碍环境建设发展规划，应当征求残疾人组织等社会组织的意见。

无障碍环境建设发展规划应当纳入国民经济和社会发展规划以及城乡规划。

**第五条** 国务院住房和城乡建设主管部门负责全国无障碍设施工程建设活动的监督管理工作，会同国务院有关部门制定无障碍设施工程建设标准，并对无障碍设施工程建设的情况进行监督检查。

国务院工业和信息化主管部门等有关部门在各自职责范围内，做好无障碍环境建设工作。

**第六条** 国家鼓励、支持采用无障碍通用设计的技术和产品，推进残疾人专用的无障碍技术和产品的开发、应用和推广。

**第七条** 国家倡导无障碍环境建设理念，鼓励公民、法人和其他组织为无障碍环境建设提供捐助和志愿服务。

**第八条** 对在无障碍环境建设工作中作出显著成绩的单位和个人，按照国家有关规定给予表彰和奖励。

# 第二章　无障碍设施建设

**第九条** 城镇新建、改建、扩建道路、公共建筑、公共交通设施、居住建筑、居住区，应当符合无障碍设施工程建设标准。

乡、村庄的建设和发展，应当逐步达到无障碍设施工程建设标准。

**第十条** 无障碍设施工程应当与主体工程同步设计、同步施工、同步验收投入使用。新建的无障碍设施应当与周边的无障碍设施相衔接。

**第十一条** 对城镇已建成的不符合无障碍设施工程建设标准的道路、公共建筑、公共交通设施、居住建筑、居住区，县级以上人民政府应当制定无障碍设施改造计划并组织实施。

无障碍设施改造由所有权人或者管理人负责。

第十二条 县级以上人民政府应当优先推进下列机构、场所的无障碍设施改造：

（一）特殊教育、康复、社会福利等机构；

（二）国家机关的公共服务场所；

（三）文化、体育、医疗卫生等单位的公共服务场所；

（四）交通运输、金融、邮政、商业、旅游等公共服务场所。

第十三条 城市的主要道路、主要商业区和大型居住区的人行天桥和人行地下通道，应当按照无障碍设施工程建设标准配备无障碍设施，人行道交通信号设施应当逐步完善无障碍服务功能，适应残疾人等社会成员通行的需要。

第十四条 城市的大中型公共场所的公共停车场和大型居住区的停车场，应当按照无障碍设施工程建设标准设置并标明无障碍停车位。

无障碍停车位为肢体残疾人驾驶或者乘坐的机动车专用。

第十五条 民用航空器、客运列车、客运船舶、公共汽车、城市轨道交通车辆等公共交通工具应当逐步达到无障碍设施的要求。有关主管部门应当制定公共交通工具的无障碍技术标准并确定达标期限。

第十六条 视力残疾人携带导盲犬出入公共场所，应当遵守国家有关规定，公共场所的工作人员应当按照国家有关规定提供无障碍服务。

第十七条 无障碍设施的所有权人和管理人，应当对无障碍设施进行保护，有损毁或者故障及时进行维修，确保无障碍设施正常使用。

# 第三章　无障碍信息交流

第十八条 县级以上人民政府应当将无障碍信息交流建设纳入信息化建设规划，并采取措施推进信息交流无障碍建设。

第十九条 县级以上人民政府及其有关部门发布重要政府信息

和与残疾人相关的信息，应当创造条件为残疾人提供语音和文字提示等信息交流服务。

第二十条　国家举办的升学考试、职业资格考试和任职考试，有视力残疾人参加的，应当为视力残疾人提供盲文试卷、电子试卷，或者由工作人员予以协助。

第二十一条　设区的市级以上人民政府设立的电视台应当创造条件，在播出电视节目时配备字幕，每周播放至少一次配播手语的新闻节目。

公开出版发行的影视类录像制品应当配备字幕。

第二十二条　设区的市级以上人民政府设立的公共图书馆应当开设视力残疾人阅览室，提供盲文读物、有声读物，其他图书馆应当逐步开设视力残疾人阅览室。

第二十三条　残疾人组织的网站应当达到无障碍网站设计标准，设区的市级以上人民政府网站、政府公益活动网站，应当逐步达到无障碍网站设计标准。

第二十四条　公共服务机构和公共场所应当创造条件为残疾人提供语音和文字提示、手语、盲文等信息交流服务，并对工作人员进行无障碍服务技能培训。

第二十五条　举办听力残疾人集中参加的公共活动，举办单位应当提供字幕或者手语服务。

第二十六条　电信业务经营者提供电信服务，应当创造条件为有需求的听力、言语残疾人提供文字信息服务，为有需求的视力残疾人提供语音信息服务。

电信终端设备制造者应当提供能够与无障碍信息交流服务相衔接的技术、产品。

# 第四章　无障碍社区服务

第二十七条　社区公共服务设施应当逐步完善无障碍服务功

能，为残疾人等社会成员参与社区生活提供便利。

第二十八条　地方各级人民政府应当逐步完善报警、医疗急救等紧急呼叫系统，方便残疾人等社会成员报警、呼救。

第二十九条　对需要进行无障碍设施改造的贫困家庭，县级以上地方人民政府可以给予适当补助。

第三十条　组织选举的部门应当为残疾人参加选举提供便利，为视力残疾人提供盲文选票。

# 第五章　法律责任

第三十一条　城镇新建、改建、扩建道路、公共建筑、公共交通设施、居住建筑、居住区，不符合无障碍设施工程建设标准的，由住房和城乡建设主管部门责令改正，依法给予处罚。

第三十二条　肢体残疾人驾驶或者乘坐的机动车以外的机动车占用无障碍停车位，影响肢体残疾人使用的，由公安机关交通管理部门责令改正，依法给予处罚。

第三十三条　无障碍设施的所有权人或者管理人对无障碍设施未进行保护或者及时维修，导致无法正常使用的，由有关主管部门责令限期维修；造成使用人人身、财产损害的，无障碍设施的所有权人或者管理人应当承担赔偿责任。

第三十四条　无障碍环境建设主管部门工作人员滥用职权、玩忽职守、徇私舞弊的，依法给予处分；构成犯罪的，依法追究刑事责任。

# 第六章　附　则

第三十五条　本条例自 2012 年 8 月 1 日起施行。

# 附　录

## 住房城乡建设部等部门关于加强
## 村镇无障碍环境建设的指导意见

建标〔2015〕25 号

各省、自治区住房城乡建设厅、民政厅、残联、老龄办，直辖市建委（规划委、市政管委）、民政局、残联、老龄办，新疆生产建设兵团建设局、民政局、残联、老龄办，黑龙江垦区残联：

近年来，我国无障碍环境建设取得了显著成效。无障碍环境建设法律法规、标准规范、组织管理体系基本建立。"十一五"期间，组织 100 个城市开展了"创建全国无障碍建设城市"工作，"十二五"期间，进一步推动了"全国创建无障碍环境市县"工作，无障碍环境得到较大改善，初步形成我国城市无障碍化基本格局，为广大人民群众，特别是残疾人、老年人等群体提供了便利，对促进社会文明进步发挥了积极作用。同时也应该看到，量大面广的村镇无障碍环境建设尚未系统开展，还不能满足残疾人、老年人对基本公共服务的需求，不适应残疾人、老年人平等参与社会生活的需要。

开展村镇无障碍环境建设，是实现党的十八大提出的全面建成小康社会目标的必然要求，是贯彻《无障碍环境建设条例》、落实《国家新型城镇化规划（2014—2020 年）》、推进社会主义新农村建设的重要内容。为进一步加强村镇无障碍环境建设，现提出以下意见。

一、总体要求

（一）指导思想

深入学习领会党的十八大和十八届三中、四中全会精神，以邓小平理论、"三个代表"重要思想、科学发展观为指导，按照全面建成小康社会和建设社会主义新农村的总体要求，从实际出发，循序渐进，通过长期努力，逐步改善村镇无障碍环境。

（二）基本原则

——统筹规划、分步推进。将无障碍环境建设的要求纳入村镇规划及相关专项规划，分步推进。把无障碍环境建设与新型城镇化和农村基础设施建设有机结合起来。

——因地制宜、注重实效。结合当地经济、文化、地理、风俗习惯等实际情况和特点，按照改善村镇无障碍环境的总体要求，根据农村残疾人、老年人的实际需求，科学确定不同地区的具体目标和任务，提高无障碍环境建设实效。

——突出重点、量力而行。立足现有条件和财力，突出重点、先易后难，以推进与残疾人、老年人生活关系密切的村镇道路、基本公共服务设施、基本公共活动场所、残疾人家庭、老年人家庭无障碍设施建设与改造为重点，有序推进村镇无障碍环境建设。在推进农村无障碍环境建设中，要尊重群众意愿、广泛动员群众参与。

（三）目标任务

到2020年，村镇无障碍环境建设工作机制基本健全，社会各方力量共同参与的良好社会氛围基本形成，村镇无障碍环境建设投入不断加大，村镇道路、基本公共服务设施、基本公共活动场所、残疾人家庭、老年人家庭无障碍设施建设和改造不断推进，村镇无障碍环境明显改善。

二、主要措施

1. 科学规划。各地在编制镇规划、乡规划、村庄规划时，要根据无障碍环境建设需要，有针对性地开展用地竖向规划，优化道路交通组织，合理布局各类公共服务设施。在开展新农村建设、村庄整治等相关详细规划设计时，要注重深化、细化相关内容，按照《无障碍设计规范》要求，及时指导无障碍工程设计和建设。

2. 加强监管。对需进行施工图审查的村镇公共设施建设项目，要将无障碍设施建设作为一项重要内容进行审查，对不符合工程建设强制性标准的，施工图审查不予通过，依法不予核发施工许可证。各地对已建成的村镇无障碍设施要加强管理和维护，确保无障碍设施发挥作用。

3. 推进改造。残疾人组织、老年人组织要及时向当地政府反映残疾人、老年人无障碍需求，与住房城乡建设、民政等部门积极协调财政、卫生、文化、金融、商业、供销等相关主管部门制定实施无障碍设施改造计划，积极推动村镇公共活动场所、公共设施和残疾人家庭、老年人家庭的无障碍改造。各地要结合村庄整治、新农村建设、小城镇建设、农村危房改造等专项工作，整合资源，同步实施无障碍环境建设与改造。

4. 广泛宣传。要通过公益广告、宣传标语、张贴挂图、印发资料、编写板报等多种形式在村镇开展无障碍环境建设宣传，发挥残疾人、老年人等社会群体和新闻媒体的监督作用，提高无障碍环境建设意识，形成关心、参与无障碍环境建设的社会氛围。

三、加强组织领导

各地要进一步提高对村镇无障碍环境建设重要性的认识，加强组织领导，结合创建无障碍环境市县工作，健全无障碍环境建设工作机制，切实发挥组织、协调作用。

各地住房城乡建设部门和其他相关部门要加强对无障碍环境建设工作的监督检查，指导乡镇、街道、村（居）民委员会、社区积极做好无障碍环境建设工作。

中华人民共和国住房和城乡建设部

中华人民共和国民政部

中国残疾人联合会

全国老龄工作委员会办公室

2015 年 2 月 4 日

最新教育家庭类法律法规读本

社会公益法律法规学习读本

# 殡葬捐赠法律法规

叶浦芳　主编

加大全民普法力度，建设社会主义法治文化，树立宪法法律至上、法律面前人人平等的法治理念。

——中国共产党第十九次全国代表大会《决胜全面建成小康社会 夺取新时代中国特色社会主义伟大胜利》

汕头大学出版社

## 图书在版编目（CIP）数据

殡葬捐赠法律法规／叶浦芳主编．--汕头：汕头
大学出版社，2023.4（重印）

（社会公益法律法规学习读本）

ISBN 978-7-5658-3333-5

Ⅰ．①殡… Ⅱ．①叶… Ⅲ．①葬礼-服务业-法律-
中国-学习参考资料②公益事业捐赠法-中国-学习参考
资料 Ⅳ．①D922.182.14②D922.182.34

中国版本图书馆 CIP 数据核字（2018）第 000993 号

**殡葬捐赠法律法规**　　　　BINZANG JUANZENG FALÜ FAGUI

主　　编：叶浦芳

责任编辑：汪艳蕾

责任技编：黄东生

封面设计：大华文苑

出版发行：汕头大学出版社

　　　　　广东省汕头市大学路 243 号汕头大学校园内　　邮政编码：515063

电　　话：0754-82904613

印　　刷：三河市元兴印务有限公司

开　　本：690mm×960mm 1/16

印　　张：18

字　　数：226 千字

版　　次：2018 年 1 月第 1 版

印　　次：2023 年 4 月第 2 次印刷

定　　价：59.60 元（全 2 册）

ISBN 978-7-5658-3333-5

版权所有，翻版必究

如发现印装质量问题，请与承印厂联系退换

# 前　言

习近平总书记指出："推进全民守法，必须着力增强全民法治观念。要坚持把全民普法和守法作为依法治国的长期基础性工作，采取有力措施加强法制宣传教育。要坚持法治教育从娃娃抓起，把法治教育纳入国民教育体系和精神文明创建内容，由易到难、循序渐进不断增强青少年的规则意识。要健全公民和组织守法信用记录，完善守法诚信褒奖机制和违法失信行为惩戒机制，形成守法光荣、违法可耻的社会氛围，使遵法守法成为全体人民共同追求和自觉行动。"

中共中央、国务院曾经转发了中央宣传部、司法部关于在公民中开展法治宣传教育的规划，并发出通知，要求各地区各部门结合实际认真贯彻执行。通知指出，全民普法和守法是依法治国的长期基础性工作。深入开展法治宣传教育，是全面建成小康社会和新农村的重要保障。

普法规划指出：各地区各部门要根据实际需要，从不同群体的特点出发，因地制宜开展有特色的法治宣传教育坚持集中法治宣传教育与经常性法治宣传教育相结合，深化法律进机关、进乡村、进社区、进学校、进企业、进单位的"法律六进"主题活动，完善工作标准，建立长效机制。

特别是农业、农村和农民问题，始终是关系党和人民事业发展的全局性和根本性问题。党中央、国务院发布的《关于推进社会主义新农村建设的若干意见》中明确提出要"加强农村法制建设，深入开展农村普法教育，增强农民的法制观念，提高农民依法行使权利和履行义务的自觉性。"多年普法实践证明，普及法律知识，提高法制观念，增强全社会依法办事意识具有重要作用。特别是在广大农村进行普法教育，是提高全民法律素质的需要。

多年来，我国在农村实行的改革开放取得了极大成功，农村发生了翻天覆地的变化，广大农民生活水平大大得到了提高。但是，由于历史和社会等原因，现阶段我国一些地区农民文化素质还不高，不学法、不懂法、不守法现象虽然较原来有所改变，但仍有相当一部分群众的法制观念仍很淡化，不懂、不愿借助法律来保护自身权益，这就极易受到不法的侵害，或极易进行违法犯罪活动，严重阻碍了全面建成小康社会和新农村步伐。

为此，根据党和政府的指示精神以及普法规划，特别是根据广大农村农民的现状，在有关部门和专家的指导下，特别编辑了这套《全国普法学习读本》。主要包括了广大人民群众应知应懂、实际实用的法律法规。为了辅导学习，附录还收入了相应法律法规的条例准则、实施细则、解读解答、案例分析等；同时为了突出法律法规的实际实用特点，兼顾地方性和特殊性，附录还收入了部分某些地方性法律法规以及非法律法规的政策文件、管理制度、应用表格等内容，拓展了本书的知识范围，使法律法规更"接地气"，便于读者学习掌握和实际应用。

在众多法律法规中，我们通过甄别，淘汰了废止的，精选了最新的、权威的和全面的。但有部分法律法规有些条款不适应当下情况了，却没有颁布新的，我们又不能擅自改动，只得保留原有条款，但附录却有相应的补充修改意见或通知等。众多法律法规根据不同内容和受众特点，经过归类组合，优化配套。整套普法读本非常全面系统，具有很强的学习性、实用性和指导性，非常适合用于广大农村和城乡普法学习教育与实践指导。总之，是全国全民普法的良好读本。

# 目　　录

## 殡葬管理条例

## 中华人民共和国公益事业捐赠法

# 社会救助暂行办法

# 救灾捐赠管理办法

# 彩票公益金管理办法

# 中华人民共和国慈善法

# 志愿服务条例

# 殡葬管理条例

中华人民共和国国务院令

第 628 号

现公布《国务院关于修改和废止部分行政法规的决定》，自 2013 年 1 月 1 日起施行。

总理　温家宝

2012 年 11 月 9 日

（1997 年 7 月 11 日国务院第 60 次常务会议通过；1997 年 7 月 21 日中华人民共和国国务院令第 225 号发布；根据 2012 年 11 月 9 日中华人民共和国国务院令第 628 号公布的《国务院关于修改和废止部分行政法规的决定》修正）

# 第一章　总　则

**第一条**　为了加强殡葬管理，推进殡葬改革，促进社会主义精神文明建设，制定本条例。

第二条　殡葬管理的方针是：积极地、有步骤地实行火葬，改革土葬，节约殡葬用地，革除丧葬陋俗，提倡文明节俭办丧事。

第三条　国务院民政部门负责全国的殡葬管理工作。县级以上地方人民政府民政部门负责本行政区域内的殡葬管理工作。

第四条　人口稠密、耕地较少、交通方便的地区，应当实行火葬；暂不具备条件实行火葬的地区，允许土葬。

实行火葬和允许土葬的地区，由省、自治区、直辖市人民政府划定，并由本级人民政府民政部门报国务院民政部门备案。

第五条　在实行火葬的地区，国家提倡以骨灰寄存的方式以及其他不占或者少占土地的方式处理骨灰。县级人民政府和设区的市、自治州人民政府应当制定实行火葬的具体规划，将新建和改造殡仪馆、火葬场、骨灰堂纳入城乡建设规划和基本建设计划。

在允许土葬的地区，县级人民政府和设区的市、自治州人民政府应当将公墓建设纳入城乡建设规划。

第六条　尊重少数民族的丧葬习俗；自愿改革丧葬习俗的，他人不得干涉。

# 第二章　殡葬设施管理

第七条　省、自治区、直辖市人民政府民政部门应当根据本行政区域的殡葬工作规划和殡葬需要，提出殡仪馆、火葬场、骨灰堂、公墓、殡仪服务站等殡葬设施的数量、布局规划，报本级人民政府审批。

第八条　建设殡仪馆、火葬场，由县级人民政府和设区的市、自治区、直辖市人民政府的民政部门提出方案，报本级人民政府审批；建设殡仪服务站、骨灰堂，由县级人民政府和设区的市、自治州人民政府的民政部门审批；建设公墓，经县级人民政府和设区的市、自治州人民政府的民政部门审核同意后，报省、自治区、直辖市人民政府民政部门审批。

利用外资建设殡葬设施，经省、自治区、直辖市人民政府民政部门审核同意后，报国务院民政部门审批。

农村为村民设置公益性墓地，经乡级人民政府审核同意后，报县级人民政府民政部门审批。

**第九条** 任何单位和个人未经批准，不得擅自兴建殡葬设施。

农村的公益性墓地不得对村民以外的其他人员提供墓穴用地。

禁止建立或者恢复宗族墓地。

**第十条** 禁止在下列地区建造坟墓：

（一）耕地、林地；

（二）城市公园、风景名胜区和文物保护区；

（三）水库及河流堤坝附近和水源保护区；

（四）铁路、公路主干线两侧。

前款规定区域内现有的坟墓，除受国家保护的具有历史、艺术、科学价值的墓地予以保留外，应当限期迁移或者深埋，不留坟头。

**第十一条** 严格限制公墓墓穴占地面积和使用年限。按照规划允许土葬或者允许埋葬骨灰的，埋葬遗体或者埋葬骨灰的墓穴占地面积和使用年限，由省、自治区、直辖市人民政府按照节约土地、不占耕地的原则规定。

**第十二条** 殡葬服务单位应当加强对殡葬服务设施的管理，更新、改造陈旧的火化设备，防止污染环境。

殡仪服务人员应当遵守操作规程和职业道德，实行规范化的文明服务，不得利用工作之便索取财物。

# 第三章　遗体处理和丧事活动管理

**第十三条**　遗体处理必须遵守下列规定：

（一）运输遗体必须进行必要的技术处理，确保卫生，防止污染环境；

（二）火化遗体必须凭公安机关或者国务院卫生行政部门规定的医疗机构出具的死亡证明。

**第十四条**　办理丧事活动，不得妨害公共秩序、危害公共安全，不得侵害他人的合法权益。

**第十五条**　在允许土葬的地区，禁止在公墓和农村的公益性墓地以外的其他任何地方埋葬遗体、建造坟墓。

# 第四章　殡葬设备和殡葬用品管理

**第十六条**　火化机、运尸车、尸体冷藏柜等殡葬设备，必须符合国家规定的技术标准。禁止制造、销售不符合国家技术标准的殡葬设备。

**第十七条**　禁止制造、销售封建迷信的丧葬用品。禁止在实行火葬的地区出售棺材等土葬用品。

# 第五章　罚　则

**第十八条**　未经批准，擅自兴建殡葬设施的，由民政部门会同建设、土地行政管理部门予以取缔，责令恢复原状，没收违法所得，可以并处违法所得 1 倍以上 3 倍以下的罚款。

**第十九条**　墓穴占地面积超过省、自治区、直辖市人民政府规定的标准的，由民政部门责令限期改正，没收违法所得，可以并处违法所得 1 倍以上 3 倍以下的罚款。

第二十条　将应当火化的遗体土葬，或者在公墓和农村的公益性墓地以外的其他地方埋葬遗体、建造坟墓的，由民政部门责令限期改正。

第二十一条　办理丧事活动妨害公共秩序、危害公共安全、侵害他人合法权益的，由民政部门予以制止；构成违反治安管理行为的，由公安机关依法给予治安管理处罚；构成犯罪的，依法追究刑事责任。

第二十二条　制造、销售不符合国家技术标准的殡葬设备的，由民政部门会同工商行政管理部门责令停止制造、销售，可以并处制造、销售金额 1 倍以上 3 倍以下的罚款。

制造、销售封建迷信殡葬用品的，由民政部门会同工商行政管理部门予以没收，可以并处制造、销售金额 1 倍以上 3 倍以下的罚款。

第二十三条　殡仪服务人员利用工作之便索取财物的，由民政部门责令退赔；构成犯罪的，依法追究刑事责任。

# 第六章　附　　则

第二十四条　本条例自发布之日起施行。1985 年 2 月 8 日国务院发布的《国务院关于殡葬管理的暂行规定》同时废止。

# 附　录

## 国家发展改革委　民政部关于进一步加强
## 殡葬服务收费管理有关问题的指导意见

发改价格〔2012〕673号

各省、自治区、直辖市发展改革委、物价局、民政厅（局）：

近年来，各地价格、民政部门不断加强殡葬服务收费管理，完善相关政策措施，积极利用收费政策，有力地促进了我国殡葬事业的发展。但是，一些地方仍存在殡葬服务收费不规范、殡葬用品和公墓价格虚高等问题，损害了群众的切身利益，不利于殡葬行业的健康发展。为进一步加强殡葬服务收费管理，减轻群众丧葬不合理负担，为殡葬事业改革和持续健康发展创造良好的环境，现就加强殡葬服务收费管理有关问题提出以下指导意见：

一、进一步明确殡葬服务收费有关政策

（一）合理区分殡葬服务性质

殡葬服务应区分为基本服务和延伸服务（选择性服务）。基本服务主要包括遗体接运（含抬尸、消毒）、存放（含冷藏）、火化、骨灰寄存等服务。各地可在此基础上根据本地区实际情况，合理确定基本服务范围，切实满足当地群众最基本需要。在保证基本服务的供给规模和质量的前提下，殡葬服务单位可以根据实际情况，适当开展延伸服务。延伸服务是指在基本服务以外、供群众选择的特殊服务项目，包括遗体整容、遗体防腐、吊唁设施及设备租赁等。

（二）强化殡葬服务收费管理

基本服务收费标准，由各地价格主管部门会同有关部门在成本监审或成本调查的基础上，按照非营利原则，根据财政补贴情况从严核定，并适时调整。与基本服务密切相关的延伸服务收费，可由各地根据本地市场情况依法纳入地方定价目录，实行政府指导价管理。

（三）加强殡葬用品价格指导

各地价格主管部门对殡仪馆销售的骨灰盒、寿衣、花圈等殡葬用品价格要进行必要的指导规范，可根据本地区情况依法纳入地方定价目录，实行政府指导价或其他必要的价格管理方式。

（四）规范公墓收费行为

公益性公墓收费标准，由各地价格主管部门会同有关部门在成本监审或成本调查的基础上，按照非营利并兼顾居民承受能力的原则核定。对其他公墓价格，要加强对经营者定价行为指导规范，对价格明显偏高的，必要时要依法进行干预和管理，切实遏制虚高定价行为。公墓墓穴使用合同期满，群众申请继续使用的，公墓经营单位收取的公墓维护管理费由各地价格主管部门依法纳入地方定价目录，收费标准按公墓维护管理的实际成本及合理利润核定，具体由各地确定。

二、强化对殡葬服务收费行为的监管

（一）完善价格和收费公示体系

各地民政部门要建立殡葬服务收费标准和殡葬用品价格公示体系，通过本部门网站或其他载体将本地区殡仪馆和公墓的收费项目、收费标准（价格）进行公示，为群众监督、选择提供方便。殡葬服务单位要认真执行收费公示制度，在服务场所显著位置公布服务项目、收费标准、文件依据、减免政策、举报电话、服务流程和服务规范等内容，广泛接受社会监督。

（二）规范殡葬服务收费行为

殡葬服务单位在提供服务过程中，应遵守国家有关政策规定，严格规范服务和收费行为。要引导群众理性消费和明白消费，不得违反公平自愿原则以任何形式捆绑、分拆或强制提供服务并收费，也不得限制或采取增收附加费等方式变相限制丧属使用自带骨灰盒等文明丧葬用品。除法律法规规定以及合同约定外，严禁公墓经营单位向公墓租赁人额外收取其他任何费用。在提供骨灰存放格位、殡葬用品时，要注重满足中低收入群众的需要。

（三）清理殡葬服务收费政策

各地价格主管部门要会同民政部门抓紧对本地区的殡葬服务收费政策进行全面清理，取消不合理的收费项目，降低偏高的收费标准，进一步规范殡葬服务和收费行为。各地清理后重新制定的殡葬服务收费政策，要向社会公布。

三、加大殡葬服务收费政策宣传和违法处罚力度

（一）广泛做好政策宣传工作

各地价格、民政部门要充分认识加强殡葬服务收费管理的重要意义，采取有力措施，加大殡葬服务收费政策宣传力度。要利用广播、电视、报刊、互联网等多种方式，宣传殡葬服务收费政策和救助保障措施，提倡移风易俗、厚养薄葬和节地环保的丧葬方式，充分发挥社会和新闻舆论监督的作用。

（二）切实加强监督检查

各地价格主管部门要畅通"12358"价格举报电话，认真受理群众对殡葬服务收费的投诉或举报，严肃查处殡葬服务单位擅自设立收费项目、提高收费标准、扩大收费范围及强制服务并收费等乱收费行为，对性质恶劣、情节严重的典型案件公开曝光，切实维护广大群众的合法权益。

四、完善促进殡葬事业发展配套政策

（一）加大政府扶持力度

殡葬服务是面向全社会的特殊公共服务，具有很强的社会公益

性，政府应承担必要的投入责任。各地民政、发展改革部门要积极
争取本级政府的支持，建立殡葬事业公共投入和稳定增长机制，在
科学规划的基础上，不断加大殡葬服务设施设备公共投入力度，形
成覆盖城乡居民的殡葬服务网络。加强政策指导和资金投入，积极
扶持发展城乡公益性骨灰存放设施，推动将其纳入社会主义新农村
建设和村级公益性事业建设相关规划。

（二）保障困难群众基本需求

各地价格主管部门在制定殡葬服务收费标准时，对享受民政部
门各类救助的城乡困难群众、领取国家定期抚恤补助金的优抚对
象、自然灾害导致的死亡人员以及经公安机关确认的无名尸体，要
会同有关部门研究制定基本服务收费减免政策及政府补偿办法，报
请本级政府批准后实施；鼓励有条件的地区在此基础上，研究制定
面向辖区所有居民的基本殡葬服务费用免除标准及政府补偿办法，
逐步建立起覆盖城乡居民的多层次殡葬救助保障体系。

（三）逐步理顺殡葬管理体制

各地民政部门要从有利于殡葬改革和政府有效监管出发，积极
向有关部门申请推行政事分开、管办分离，在人、财、物等方面逐
步与殡葬服务单位脱钩。各地民政行政机关不得从事任何殡葬经营
活动，也不得向殡葬服务单位收取任何管理费用。有条件的地区，
要探索将基本殡葬服务纳入政府基本公共服务范围，实现基本服务
均等化。

上述规定自文件下发之日起执行。

国家发展改革委<br>民政部<br>二〇一二年三月二十二日

# 关于推行节地生态安葬的指导意见

民发〔2016〕21 号

各省、自治区、直辖市民政厅（局）、发展改革委、科技厅（局）、财政厅（局）、国土资源厅（局）、环境保护厅（局）、住房城乡建设厅（局）、农业（农牧、农村经济）厅（委、局）、林业厅（局），新疆生产建设兵团民政局、发展改革委、科技局、财务局、国土资源局、建设局（环保局）、农业局、林业局：

为深入贯彻党的十八大和十八届三中、四中、五中全会精神，落实中共中央、国务院《关于加快推进生态文明建设的意见》（中发〔2015〕12 号）和中共中央办公厅、国务院办公厅《关于党员干部带头推动殡葬改革的意见》（中办发〔2013〕23 号）要求，进一步深化殡葬改革，推行节地生态安葬，保障群众基本安葬需求，保护生态环境，促进人与自然和谐相处，现提出如下意见：

一、重要意义

党的十八大以来，党中央、国务院高度重视生态文明建设，将其纳入"五位一体"总体布局中协调推进。党的十八届五中全会提出了绿色发展理念，要求"坚持绿色富国、绿色惠民，为人民提供更多优质生态产品"。近年来，各地按照生态文明建设的要求，积极倡导和推行节地生态安葬，初步建成一批节地生态安葬设施，探索采用骨灰存放、树葬、撒海、深埋等安葬方式，取得了一定成效。但总体上看，我国的节地生态安葬工作还处于起步阶段，节约土地、保护环境的安葬观念不强，激励引导、规范监管的制度机制不完善，节地生态安葬设施供给不足，节地生态安葬率不高，乱埋乱葬、骨灰装棺再葬、墓位面积超标、过度使用不可降解材料等问题突出，迫切需要加以解决。

节地生态安葬，就是以节约资源、保护环境为价值导向，鼓励和引导人们采用树葬、海葬、深埋、格位存放等不占或少占土地、少耗资源、少使用不可降解材料的方式安葬骨灰或遗体，使安葬活动更好地促进人与自然和谐发展。实践证明，推行节地生态安葬是减轻群众负担，保障基本安葬需求的重要途径；是移风易俗，弘扬社会主义核心价值观的重要举措；是促进生态文明建设，造福当代和子孙后代的必然要求。面对人多地少的基本国情，面对资源约束趋紧、环境污染严重、生态系统退化的严峻形势，各地要充分认识推行节地生态安葬的重要性和紧迫性，着力凝聚社会共识，加强节地生态安葬设施建设，积极稳妥推广节地生态葬法，完善相关政策措施，走出一条具有中国特色的安葬方式改革之路，为建设美丽中国、实现中华民族永续发展作出贡献。

二、总体要求

（一）指导思想

以邓小平理论、"三个代表"重要思想、科学发展观为指导，深入贯彻党的十八大、十八届三中、四中、五中全会精神和习近平总书记系列重要讲话精神，坚持保障群众基本安葬需求，坚持节约资源、保护环境，把以人为本、生态文明的理念贯穿于殡葬改革全过程，加大节地生态安葬公共服务产品供给，提供优质人文安葬服务，加强政策激励引导，使满足安葬需求与保护资源环境协调推进，促进形成人与自然和谐发展新格局。

（二）基本原则

——政府主导，社会参与。强化政府在推行节地生态安葬工作中的统筹规划、基础建设、政策激励、典型示范、监督管理等方面的职能，积极引导和支持城乡居民、殡葬服务单位、基层组织以及相关社会组织推广节地生态葬法，形成参与殡葬改革的合力。

——节约资源，保护环境。坚持节约优先、保护优先的理念，科学规划建设节地生态安葬设施，创新推广节地生态葬法，提高土地利用率，尊重和保护自然生态，减少安葬活动对资源的消耗和对环境的不当干预，切实维护生态安全。

——注重引导，创新发展。尊重、引导、发挥好安葬习俗对节约资源、保护环境的积极作用，通过依法管理、提升内涵、激励引导、探索创新，引导人们更加自觉接受节地生态葬法，更加重视精神传承，逐步革除陋习、移风易俗，积极稳妥、循序渐进地改革安葬方式。

——分类指导，统筹推进。根据城乡、地域、民族、葬式及安葬设施的不同特点，因地制宜，分类指导，科学施策。坚持殡、葬、祭"三位一体"，推动节地生态安葬与绿色殡葬、人文殡葬、惠民殡葬相结合，葬法改革与丧礼改革相衔接，统筹推进殡葬改革。

（三）主要目标

到"十三五"末，在巩固和提高全国年均火化率的基础上，较大幅度提高节地生态安葬比例，建成一批具有示范效应的节地生态安葬设施，初步形成覆盖城乡的节地生态安葬公共服务网络，全面实行奖补激励政策，骨灰装棺再葬、乱埋乱葬和墓位面积超标得到有效治理，节地生态、移风易俗新风尚成为殡葬活动主流。

三、主要任务

（一）着力推行节地生态葬式葬法改革

按照积极有步骤地实行火葬、改革土葬的原则，科学精准地划分火葬区和土葬改革区，依法推行遗体火化、骨灰或遗体公墓内集中安葬，在此基础上，因地制宜创新和推广更多符合节地生态要求的安葬方式。在火葬区，积极推行不占或少占土地的生态化骨灰安葬方式，在人口密集区推行以楼、廊、堂、塔、墙等形式存放骨灰的立体安葬方式。倡导建设单人骨灰安葬或双人骨灰合葬占地小于国家规定标准的节地型墓位，提倡地面不建墓基、地下不建硬质墓穴，墓碑小型化、微型化，最大限度降低硬化面积，并鼓励家庭成员采用合葬方式提高单个墓位使用率。积极推广骨灰植树、植花、植草等生态葬式，使用可降解容器或直接将骨灰藏纳土中，不设硬质墓穴和墓碑。倡导骨灰撒海、撒散等不保留骨灰的安葬方式。在土葬改革区，遗体应在公墓或农村公益性墓地内集中安葬，不得乱埋乱葬，倡导建设单具遗体安葬和双人合葬占地分别低于国家规定标准的节地型墓位，减少地面硬化面积，鼓励墓碑小型化或不立碑；倡导遗体深埋、不留坟头或以树代碑。尊重少数民族丧葬习俗，鼓励和支持少数民族群众选择既具有民族地域特色、又符合节地生态要求的葬式葬法。

（二）着力加强节地生态安葬设施建设

根据已有安葬设施情况和未来需求预测，把握总量、扩大增量、优化存量，科学规划建设节地生态安葬设施，强化安葬设施的生态功能。着力加强城镇公益性公墓、骨灰堂等基本殡葬公共服务设施建设，提供树葬、撒散、骨灰存放、小型墓等多样化节地生态安葬方式，原则上新建城镇公益性公墓的节地生态安葬率达到100%。严格依法审批经营性公墓，结合实际分别对新建和已有经营性公墓明确节地生态安葬区域的配建比例。对超标准建墓立碑的，要依法通过拆除、绿化等方式进行整治改造。按照绿色城镇化和美丽乡村建设的要求，新建和改造农村公益性墓地，严格执行墓位占地面积规定，减少使用不可降解材料，提高集约化、生态化安葬程度。加强少数民族殡葬设施建设，保障少数民族群众节地生态安葬需求。

（三）着力提高节地生态安葬服务水平

针对节地生态安葬的人群及相关服务特点，严格落实安葬服务标准，创新服务模式，优化服务流程，积极提供网上预约、服务热线、咨询窗口等便捷方式，拓展全程引导、交通保障、悲伤抚慰等服务项目，强化人文关怀，提升服务内涵，做到用心服务、便民高效。加强安葬后续日常管理，注重环境绿化美化，引导文明低碳祭扫，保持墓区整洁肃穆。根据安葬服务协议及墓位使用周期，积极推进墓穴循环使用。鼓励经营性公墓积极承担社会责任，选择位置好、绿化好的墓区开辟节地生态墓园。强化事业单位法人性质的经营性公墓示范带头作用，提供更多、更加优质的节地生态安葬公共服务产品。深化农村殡葬改革，充分发挥村（居）民委员会及红白理事会、老年人协会等社会组织的作用，加强农村公益性墓地管理，提供及时便捷服务，提高群众认可度和满意度。推进互联网、物联网与殡葬服务融合发展。

（四）着力培育现代殡葬文化

把推行节地生态安葬与倡导厚养薄葬、保护生态环境、造福子孙后代结合起来，厚植符合节地生态、绿色环保要求的安葬理念，培育具有时代特征、民族特点、群众基础的殡葬行为规范。充分依托现有殡葬设施资源，建设一批生命文化教育基地，打造优秀殡葬文化传承平台。积极推广现代文明的殡葬礼仪和殡葬用品，坚决抵制迷信低俗、奢侈浪费等不良丧葬风气，切实增强参与节地生态安葬的思想自觉和行动自觉。大力倡导网络祭扫、鲜花祭扫、踏青遥祭、植树缅怀等文明低碳祭扫方式，积极组织集体共祭、社区公祭、家庭追思等现代追思活动，弘扬慎终追远等优秀传统殡葬文化，引导群众逐步从注重实地实物祭扫转移到以精神传承为主上来。

四、保障措施

（一）加强组织领导

积极争取党委、政府重视，将推行节地生态安葬作为深化殡葬改革的重要内容，纳入"十三五"规划，摆上议事日程，健全工作机制，加强目标管理和绩效考核，确保政策措施落到实处。民政部门要牵头做好政策标准制定、组织实施、审批监管等工作。发展改革、科技、财政、国土资源、环境保护、住房城乡建设、农业、林业等部门要各司其职、密切配合，做好安葬设施规划建设，加大节地生态安葬公共服务供给，完善惠民殡葬政策和激励引导措施，依法查处非法占地建坟，强化殡葬活动的生态环境监管，推动环保殡葬新技术、新产品研发应用，结合农村环境综合整治改进殡葬服务管理，支持保障推行节地生态安葬。注重发挥乡镇、街道、城乡社区的独特优势，探索建立基层殡葬信息员制度及殡葬信息源采集、报告和预警机制，加大对乱埋乱葬、骨灰装棺再葬、违规建墓的事前预防和源头治理力度。

（二）发挥党员干部带头作用

深入落实中央八项规定和党员干部带头推动殡葬改革的要求，强化党员干部从严律己、依法从政意识，要求群众做到的，党员干部要带头做到。党员干部要带头实行遗体火化，带头参与节地生态安葬，带头推行丧事简办，带头文明低碳祭扫，教育和约束直系亲属和身边工作人员按要求举办丧事活动，主动做殡葬改革的践行者、生态文明的推动者、文明风尚的引领者，以正确导向和行为示范带动广大群众转观念、破旧俗、立新风。主动协调有关部门把带头推动殡葬改革的要求纳入对党员干部的教育管理之中，积极宣传典型人物和先进事例，依法纠正和查处党员干部尤其是领导干部去世后遗体违规土葬、乱埋乱葬、超标准建墓立碑等行为，对其他涉嫌违纪违法问题线索的，及时移交执纪部门或司法部门处理。

（三）强化宣传引导

树立正确舆论导向，充分发挥媒体、殡葬服务机构、基层自治组织、社会组织等在宣传教育方面的作用，用群众喜闻乐见的方式，宣传节地生态安葬的重大意义、法规政策和实践成果，凝聚全社会的思想认同。开展节地生态安葬示范活动，鼓励有条件的地方大胆探索、先行先试，逐步形成可复制、可推广的有效模式。注重实践养成，坚持清明节等重要节点集中宣传与日常引导相结合，积极组织开展殡葬服务机构开放日、节地生态安葬宣讲、集中撒海生态安葬等活动，加强对群众治丧观念和治丧活动的正向激励引导，培育和树立文明节俭、生态环保、移风易俗的殡葬新风尚。

（四）健全奖补激励机制

在进一步完善以减免基本殡葬服务费用为主要内容的惠民殡葬政策基础上，指导和推动有条件的地方建立节地生态安葬奖补制度，把树葬、海葬、格位存放等不占或少占地方式，以及土葬区遗体深埋不留坟头等生态葬法，纳入奖补范围，鼓励群众积极参与。群众有意愿且有条件的地区，可为不保留骨灰者建立统一的纪念设施，利用重要传统节日组织开展祭奠活动，缅怀逝者、教育后人。各地可结合实际情况，积极探索建立环保殡葬用品补贴制度，对带头推行无毒、可降解环保用品的殡葬服务单位或使用者亲属，给予适当奖励或补贴，推动环保殡葬用品的推广应用。

（五）注重能力建设

各有关部门要树立全局意识，加大对节地生态安葬工作的支持力度，保障基本建设用地，科学把握推进步骤和方法，加强规划引导和政策指导，增强工作的系统性、针对性和前瞻性。加快节地生态安葬标准化建设，制定和完善相关行业标准、地方标准和团体标准，积极引入环保、建筑等方面的专业力量，做好节地生态安葬设施和安葬方式的规划、设计和论证工作，打造节地生态安葬精品工程。加强专业服务人才培养，对殡葬系统员工普遍进行一次轮训，鼓励员工参加专业社会工作者考试，着力提升干部职工的生态文明素养。注重总结评估，着力研究解决推行节地生态工作中的难点问题，完善相关政策措施。

各地要根据本意见要求，结合实际，研究制定落实措施，有关工作开展情况及时报民政部。

民政部　发展改革委　科技部

财政部　国土资源部　环境保护部

住房城乡建设部　农业部　国家林业局

2016 年 2 月 19 日

# 关于党员干部带头推动殡葬改革的意见

（2013 年 12 月中共中央办公厅、国务院办公厅印发）

殡葬改革是破千年旧俗、树一代新风的社会改革，关系人民群众切身利益，关系社会主义精神文明建设和生态文明建设，关系党风政风民风。为发挥广大党员、干部带头示范作用，进一步推动殡葬改革，现提出如下意见。

一、深刻认识推动殡葬改革的重要性和紧迫性

新中国成立以来，在老一辈党和国家领导人的积极倡导下，在各级党委和政府大力推动下，广大党员、干部带领群众积极实行火葬，改革土葬，革除丧葬陋俗，树立文明节俭办丧事的新风尚，殡葬改革取得了明显成效。但近年来，一些丧葬陋俗死灰复燃，封建迷信活动重新活跃，突出表现在：火葬区遗体火化率下滑、骨灰装棺再葬问题突出，土葬改革区乱埋乱葬、滥占耕地现象严重，浪费了大量自然资源，破坏了生态环境；重殓厚葬之风盛行，盲目攀比、奢侈浪费现象滋生蔓延，加重了群众负担；少数党员、干部甚至个别领导干部利用丧事活动大操大办、借机敛财，热衷风水迷信，修建大墓豪华墓，损害了党和政府形象，败坏了社会风气。这些现象亟需整治。

党员、干部带头推动殡葬改革，是移风易俗，发扬社会主义新风尚的应尽责任；是推动文明节俭治丧，减轻群众丧葬负担的重要途径；是加强党风政风建设，树立党和政府良好形象的必然要求；是解决人口增长与资源环境矛盾，造福当代和子孙后代，促进经济社会可持续发展的迫切要求。各级党委和政府要充分认识党员、干部带头推动殡葬改革的重要性和紧迫性，进一步统一思想，完善政

策措施，逐步形成党员和干部带头、广大群众参与、全社会共同推动的殡葬改革良好局面。

二、充分发挥党员、干部带头作用，积极推动殡葬改革

（一）带头文明节俭办丧事，树立时代风尚

党员、干部应当带头文明治丧，简办丧事。要在殡仪馆或合适场所集中办理丧事活动，自觉遵守公共秩序，尊重他人合法权益，不得在居民区、城区街道、公共场所搭建灵棚。采用佩戴黑纱白花、播放哀乐、发放生平等方式哀悼逝者，自觉抵制迷信低俗活动。除国家另有规定外，党员、干部去世后一般不成立治丧机构，不召开追悼会。举行遗体送别仪式的，要严格控制规模，力求节约简朴。对于逝者生前有丧事从简愿望或要求的，家属、亲友以及所在单位应当予以充分尊重和支持。严禁党员、干部特别是领导干部在丧事活动中大操大办、铺张浪费，严禁借机收敛钱财。

（二）带头火葬和生态安葬，保护生态环境

在人口稠密、耕地较少、交通方便的火葬区，党员、干部去世后必须实行火葬，不得将骨灰装棺再葬，不得超标准建墓立碑。在暂不具备火葬条件的土葬改革区，党员、干部去世后遗体应当在公墓内集中安葬，不得乱埋乱葬。无论是在火葬区还是在土葬改革区，党员、干部都应当带头实行生态安葬，采取骨灰存放、树葬、花葬、草坪葬等节地葬法，积极参与骨灰撒散、海葬或者深埋、不留坟头。鼓励党员、干部去世后捐献器官或遗体。少数民族党员、干部去世后，尊重其民族习俗，按照有关规定予以安葬。

（三）带头文明低碳祭扫，传承先进文化

党员、干部应当带头文明祭奠、低碳祭扫，主动采用敬献鲜花、植树绿化、踏青遥祭、经典诵读等方式缅怀故人，弘扬慎终追远等优秀传统文化，不得在林区、景区等禁火区域焚烧纸钱、燃放鞭炮。积极参与社区公祭、集体共祭、网络祭扫等现代追思活动，

带头祭扫先烈，带领群众逐步从注重实地实物祭扫转移到以精神传承为主上来。

（四）带头宣传倡导殡葬改革，弘扬新风正气

党员、干部要积极主动宣传殡葬改革，加强对亲属、朋友和周围群众的教育引导，及时劝阻不良治丧行为，自觉抵制陈规陋俗和封建迷信活动，倡导文明新风。各级领导干部要加强对直系亲属和身边工作人员丧事活动的约束，积极做好思想疏导工作，对不良倾向和苗头性问题，要做到早提醒、早制止、早纠正，决不允许对违法违规殡葬行为听之任之甚至包庇纵容。

三、大力营造有利于殡葬改革的良好环境

（一）加强组织领导，健全工作机制

各级党委和政府要把党员、干部带头推动殡葬改革作为促进社会主义精神文明建设和生态文明建设、保障和改善民生、加强党风政风建设的重要内容，摆上议事日程，建立健全党委领导、政府负责、部门协作、社会参与的工作机制。坚持以党员、干部带头为引领，不断提高人民群众参与殡葬改革的自觉性。组织部门要注意掌握党员、干部治丧情况，加强对党员、干部的教育管理。宣传、文明办等部门要做好殡葬改革宣传引导工作。发展改革、公安、民政、财政、人力资源社会保障、国土资源、工商、林业等部门要各司其职、密切配合，加强基本殡葬服务供给，完善惠民殡葬政策措施，规范殡葬服务市场秩序，督促党员、干部破除丧葬陋俗，加快推动殡葬改革。工会、共青团、妇联等人民团体和基层党组织、村（居）委会以及红白理事会、老年人协会等社会组织要充分发挥作用，广泛动员群众积极参与殡葬改革。

（二）注重统筹规划，提高保障水平

各级党委和政府要立足实际，制定和完善殡葬事业发展规划，明确殡葬改革目标任务和方法步骤，并纳入当地国民经济和社会发

展规划。根据人口、耕地、交通等情况，科学划分火葬区和土葬改革区，统筹确定殡葬基础设施数量、布局、规模和功能。加大投入，重点完善殡仪馆、骨灰堂、公益性公墓等基本殡葬公共服务设施，逐步形成布局合理、设施完善、功能齐全、服务便捷的基本殡葬公共服务网络，为推动殡葬改革创造有利条件。

（三）完善法规制度，强化监督管理

加快修订《殡葬管理条例》，健全基本殡葬服务保障、殡葬服务市场监管、丧事活动管理执法等方面制度。进一步健全和规范对乱埋乱葬、违规建墓等行为的行政强制执行制度。积极建立殡葬改革激励引导机制，实行生态安葬奖补等奖励政策。加强监督检查，强化责任追究，对党员、干部尤其是领导干部在丧事活动中的违纪违法行为，要依纪依法严肃查处。

（四）加大宣传力度，做好舆论引导

充分利用各种媒体和传播手段，深入宣传殡葬法规政策，普及科学知识，倡导文明节俭、生态环保、移风易俗的殡葬新风尚。大力宣传党员、干部带头推动殡葬改革的先进典型，传播正能量。充分发挥媒体监督作用，曝光负面案例，努力营造有利于殡葬改革的良好氛围。

各地区各有关部门要按照本意见精神，结合实际制定贯彻落实的具体措施。

# 烈士安葬办法

（2013 年 4 月 2 日民政部部务会议通过）

**第一条** 为了褒扬烈士，做好烈士安葬工作，根据《烈士褒扬条例》，制定本办法。

**第二条** 烈士在烈士陵园或者烈士集中安葬墓区安葬。

烈士陵园、烈士集中安葬墓区是国家建立的专门安葬、纪念、宣传烈士的重要场所。

**第三条** 确定烈士安葬地和安排烈士安葬活动，应当征求烈士遗属意见。

烈士可以在牺牲地、生前户口所在地、遗属户口所在地或者生前工作单位所在地安葬。烈士安葬地确定后，就近在烈士陵园或者烈士集中安葬墓区安葬烈士。

**第四条** 运送烈士骨灰或者遗体（骸），由烈士牺牲地、烈士安葬地人民政府负责安排，并举行必要的送迎仪式。

烈士骨灰盒或者灵柩应当覆盖中华人民共和国国旗。需要覆盖中国共产党党旗或者中国人民解放军军旗的，按照有关规定执行。国旗、党旗、军旗不同时覆盖，安葬后由烈士纪念设施保护单位保存。

**第五条** 烈士安葬地县级以上地方人民政府应当举行烈士安葬仪式。烈士安葬仪式应当庄严、肃穆、文明、节俭。

烈士安葬仪式中应当宣读烈士批准文件和烈士事迹。

**第六条** 安葬烈士的方式包括：

（一）将烈士骨灰安葬于烈士墓区或者烈士骨灰堂；

（二）将烈士遗体（骸）安葬于烈士墓区；

（三）其他安葬方式。

安葬烈士应当尊重少数民族的丧葬习俗，遵守国家殡葬管理有关规定。

**第七条** 烈士墓穴、骨灰安放格位，由烈士纪念设施保护单位按照规定确定。

**第八条** 安葬烈士骨灰的墓穴面积一般不超过 1 平方米。允许土葬的地区，安葬烈士遗体（骸）的墓穴面积一般不超过 4 平方米。

**第九条** 烈士墓碑碑文或者骨灰盒标示牌文字应当经烈士安葬地人民政府审定，内容应当包括烈士姓名、性别、民族、籍贯、出生年月、牺牲时间、单位、职务、简要事迹等基本信息。

**第十条** 烈士墓区应当规划科学、布局合理。烈士墓和烈士骨灰存放设施应当形制统一、用材优良，确保施工建设质量。

**第十一条** 烈士陵园、烈士集中安葬墓区的保护单位应当向烈士遗属发放烈士安葬证明书，载明烈士姓名、安葬时间和安葬地点等。没有烈士遗属的，应当将烈士安葬情况向烈士生前户口所在地县级人民政府民政部门备案。

烈士生前有工作单位的，应当将安葬情况向烈士生前所在单位通报。

**第十二条** 烈士在烈士陵园或者烈士集中安葬墓区安葬后，原则上不迁葬。

对未在烈士陵园或者烈士集中安葬墓区安葬的，县级以上地方人民政府可以根据实际情况并征得烈士遗属同意，迁入烈士陵园或者烈士集中安葬墓区。

**第十三条** 烈士陵园、烈士集中安葬墓区的保护单位应当及时收集陈列有纪念意义的烈士遗物、事迹资料，烈士遗属、有关单位和个人应当予以配合。

第十四条　在清明节等重要节日和纪念日时，机关、团体、企业事业单位应当组织开展烈士纪念活动，祭奠烈士。

烈士陵园、烈士集中安葬墓区所在地人民政府民政部门对前来祭扫的烈士遗属，应当做好接待服务工作。

第十五条　鼓励和支持社会殡仪专业服务机构为烈士安葬提供专业化、规范化服务。

第十六条　本办法自 2013 年 4 月 3 日起施行。

# 烈士公祭办法

## 中华人民共和国民政部令
## 第 52 号

《烈士公祭办法》已经 2014 年 3 月 31 日民政部部务会议通过，现予公布，自公布之日起施行。

民政部部长

2014 年 3 月 31 日

**第一条** 为了缅怀纪念烈士，弘扬烈士精神，做好烈士公祭工作，根据《烈士褒扬条例》，制定本办法。

**第二条** 烈士公祭是国家缅怀纪念为民族独立、人民解放和国家富强、人民幸福英勇牺牲烈士的活动。

**第三条** 在清明节、国庆节或者重要纪念日期间，应当举行烈士公祭活动。

烈士公祭活动应当庄严、肃穆、隆重、节俭。

**第四条** 举行烈士公祭活动，由县级以上人民政府民政部门提出建议和方案，报请同级人民政府组织实施。

**第五条** 烈士公祭活动应当在烈士纪念场所举行。

上级人民政府与下级人民政府在同一烈士纪念场所举行烈士公祭活动，应当合并进行。

**第六条** 烈士公祭活动方案应当包括以下内容：

（一）烈士公祭活动时间、地点；

（二）参加烈士公祭活动人员及其现场站位和着装要求；

（三）烈士公祭仪式仪程；

（四）烈士公祭活动的组织协调、宣传报道、交通和安全警卫、医疗保障、经费保障、礼兵仪仗、天气预报、现场布置和物品器材准备等事项的分工负责单位及负责人。

**第七条** 烈士公祭活动应当安排党、政、军和人民团体负责人参加，组织烈属代表、老战士代表、学校师生代表、各界干部群众代表、解放军和武警官兵代表等参加。

**第八条** 参加烈士公祭活动人员着装应当庄重得体，可以佩戴获得的荣誉勋章。

**第九条** 烈士公祭活动现场应当标明肃穆区域，设置肃穆提醒标志。

在肃穆区域内，应当言行庄重，不得喧哗。

**第十条** 烈士公祭仪式由县级以上人民政府或者其民政部门的负责人主持。

烈士公祭仪式不设主席台，参加烈士公祭仪式人员应当面向烈士纪念碑（塔等）肃立。

**第十一条** 烈士公祭仪式一般应当按照下列程序进行：

（一）主持人向烈士纪念碑（塔等）行鞠躬礼，宣布烈士公祭仪式开始；

（二）礼兵就位；

（三）奏唱《中华人民共和国国歌》；

（四）宣读祭文；

（五）少先队员献唱《我们是共产主义接班人》；

（六）向烈士敬献花篮或者花圈，奏《献花曲》；

（七）整理缎带或者挽联；

（八）向烈士行三鞠躬礼；

（九）参加烈士公祭仪式人员瞻仰烈士纪念碑（塔等）。

第十二条 在国庆节等重大庆典日进行烈士公祭的，可以采取向烈士纪念碑（塔等）敬献花篮的仪式进行。敬献花篮仪式按照下列程序进行：

（一）主持人向烈士纪念碑（塔等）行鞠躬礼，宣布敬献花篮仪式开始；

（二）礼兵就位；

（三）奏唱《中华人民共和国国歌》；

（四）全体人员脱帽，向烈士默哀；

（五）少先队员献唱《我们是共产主义接班人》；

（六）向烈士敬献花篮，奏《献花曲》；

（七）整理缎带；

（八）参加敬献花篮仪式人员瞻仰烈士纪念碑（塔等）。

第十三条 烈士公祭仪式中的礼兵仪仗、花篮花圈护送由解放军或者武警部队官兵担任，乐曲可以安排军乐队或者其他乐队演奏。

第十四条 花篮或者花圈由党、政、军、人民团体及各界群众等敬献。

花篮的缎带或者花圈的挽联为红底黄字，上联书写烈士永垂不朽，下联书写敬献人。

整理缎带或者挽联按照先整理上联、后整理下联的顺序进行。

第十五条 参加烈士公祭活动人员应当在烈士纪念设施保护单位工作人员组织引导下参观烈士纪念堂馆、瞻仰祭扫烈士墓。

第十六条 烈士纪念设施保护单位应当结合烈士公祭活动，采取多种形式宣讲烈士英雄事迹和相关重大历史事件，配合有关单位开展集体宣誓等主题教育活动。

第十七条 烈士纪念设施保护单位应当保持烈士纪念场所庄严、肃穆、优美的环境和气氛，做好服务接待工作。

第十八条 本办法自发布之日起施行。

# 公墓管理暂行办法

民政部关于印发《公墓管理暂行办法》的通知

民事发〔1992〕24 号

各省、自治区、直辖市民政厅（局），各计划单列市民政局：

现将《公墓管理暂行办法》印发给你们，望各地遵照执行。

一九九二年八月二十五日

## 第一章 总 则

**第一条** 为加强公墓管理，根据《国务院关于殡葬管理的暂行规定》和有关规定制定本办法。

**第二条** 在火葬区，要提倡骨灰深埋、撒放等一次性处理，也可经批准有计划地建立骨灰公墓。在土葬改革区，应有计划地建立遗体公墓或骨灰公墓。

**第三条** 公墓是为城乡居民提供安葬骨灰和遗体的公共设施。公墓分为公益性公墓和经营性公墓。公益性公墓是为农村村民提供遗体或骨灰安葬服务的公共墓地。经营性公墓是为城镇居民提供骨灰或遗体安葬实行有偿服务的公共墓地，属于第三产业。

**第四条** 建立公墓应当选用荒山瘠地，不得占用耕地，不得建在风景名胜区和水库、湖泊、河流的堤坝以及铁路、公路两侧。

**第五条** 公益性公墓由村民委员会建立。经营性公墓由殡葬事业单位建立。

**第六条** 民政部是全国公墓的主管部门，负责制定公墓建设的政策法规和总体规划，进行宏观指导。县级以上各级民政部门是本行政区域内的公墓主管部门。负责贯彻执行国家公墓政策法规，对本行政区域内的公墓建设和发展进行具体指导。

## 第二章　公墓的建立

**第七条**　建立公墓，需向公墓主管部门提出申请。

**第八条**　申请时，应向公墓主管部门提交下列材料：

（一）建立公墓的申请报告；

（二）城乡建设、土地管理部门的审查意见；

（三）建立公墓的可行性报告；

（四）其他有关材料。

**第九条**　建立公益性公墓，由村民委员会提出申请，报县级民政部门批准。

**第十条**　建立经营性公墓，由建墓单位向县级民政部门提出申请，经同级人民政府审核同意，报省、自治区、直辖市民政厅（局）批准。

**第十一条**　与外国、港澳台人士合作、合资或利用外资建立经营性公墓，经同级人民政府和省、自治区、直辖市民政厅（局）审核同意，报民政部批准。

**第十二条**　经营性公墓，由建墓单位持批准文件，向当地工商行政管理部门领取营业执照，方可正式营业。

## 第三章　公墓的管理

**第十三条**　公墓墓区土地所有权依法归国家或集体所有，丧主不得自行转让或买卖。

**第十四条**　公墓单位应视墓区范围的大小设置公墓管理机构或聘用专职管理人员，负责墓地的建设、管理和维护。

墓地应当保持整洁、肃穆。

第十五条　公墓墓志要小型多样，墓区要合理规划，因地制宜进行绿化美化，逐步实行园林化。

第十六条　未经批准，公益性公墓不得对外经营殡仪业务。经营性公墓的墓穴管理费一次性收取最长不得超过二十年。墓穴用地要节约。

第十七条　凡在经营性公墓内安葬骨灰或遗体的，丧主应按规定交纳墓穴租用费、建筑工料费、安葬费和护墓管理费。

第十八条　严禁在公墓内建家族、宗族、活人坟和搞封建迷信活动。

第十九条　严禁在土葬改革区经营火化区死亡人员的遗体安葬业务。

第二十条　本办法实施后，凡违反本办法有关规定，由公墓主管部门区别情况，予以处罚，或没收其非法所得，或处以罚款。具体处罚办法，由各省、自治区、直辖市民政厅（局）制定。

## 第四章　附　则

第二十一条　本办法实施前建立的各类公墓，凡符合本办法有关规定但未办理审批手续的，应按本办法第二章的规定补办审批手续；不符合本办法规定的，由公墓单位报公墓主管部门，根据不同情况妥善处理；对城市现有的墓地、坟岗，除另有法律法规规定外，一律由当地殡葬事业单位负责接管和改造。

第二十二条　革命烈士公墓、知名人士墓、华侨祖墓、具有历史艺术科学价值的古墓和回民公墓以及外国人在华墓地的管理，按原有规定执行。

第二十三条　各省、自治区、直辖市可根据本办法制定本地区的实施细则。

第二十四条　本办法自发布之日起实行。原内务部、民政部过去有关公墓管理的规定，凡与本办法有抵触的，均按本办法执行。

# 关于丧葬办理程序

## （本文为参考资料）

一、丧葬办理程序

1. 死亡证明：

当亲人去世后，死者家属或单位必须取得死亡证明：正常死亡的，由医疗卫生机构出具医学死亡证明；非正常死亡的，由区、县以上公安、司法部门出具死亡证明。

2. 注销户口：

死者家属持死亡证明书到驻地派出所注销户口。

3. 联系火化：

（1）打电话或派人前往殡仪馆或殡葬服务站联系火化，登记死者姓名、住址、年龄、性别、死亡原因、死亡时间、遗体所在地、死者户口所在地；

（2）登记家属姓名、住址、电话、与死者关系等；

（3）预定服务项目，服务时间。

4. 接运遗体：

按预定时间，家属持死亡证明在指定地点等候灵车接运遗体。

5. 遗体火化：

（1）遗体运送到殡仪馆；

（2）遗体整容；

（3）遗体告别；

（4）遗体火化，选购骨灰盒、领取火化证明；

（5）领取骨灰。

6. 骨灰安放：

按选定方式安放骨灰，并领取骨灰存放证。此后，家属持此证明来公墓祭扫。

二、骨灰安葬方式

1. 骨灰堂：室内骨灰架寄存，是目前骨灰安放的主要方式。

2. 骨灰墙：在墙壁上砌格子，将骨灰盒放入，用石板封闭。

3. 骨灰亭：亭式建筑，亭内、外墙可以存放骨灰，类似骨灰墙寄存。

4. 骨灰廊：彩画地上长廊，墙内存放骨灰，石板封闭。

5. 骨灰深葬：将骨灰存入地下室封闭，地上为亭。

6. 骨灰林：将骨灰埋入选择好的树下，做简单标记。

7. 骨灰墓：地下修建墓穴，地上立碑。

8. 骨灰撒海：随时办理登记手续。

三、丧葬祭扫注意事项

1. 丧葬事宜要由国家批准的殡葬单位办理：

丧葬必须由国家批准的殡仪馆、公墓及殡葬服务站来办理。要直接与这些殡葬单位的服务人员联系，不要找非殡葬服务单位和人员来代办丧葬事宜。

2. 骨灰要安放在合法公墓：

不要将骨灰存放在非法公墓。非法经营性公墓有两类：一类是指一些乡、村和单位，在未经市民政部门批准和未得到市规划、土地部门同意的情况下，擅自兴建以盈利为目的经营性公墓，对这类公墓民政部门将逐步予以取缔。另一类是乡村办的公益性公墓，它们不得从事经营性活动，只能安置本乡村死亡人员的骨灰。

3. 在异地去世人员的丧葬办理：

根据有关规定，在异地去世人员，原则上遗体应当在当地殡仪馆火化，禁止运往外地。因特殊原因确需运回原籍的，必须符合以下条件：

（1）必须经当地民政部门批准；

（2）必须在当地殡仪馆进行防腐、消毒等处理；

（3）必须由当地卫检部门出据的《移运证》；

（4）必须由当地殡仪馆承办遗体运送业务。运送到安葬地殡仪馆。

4. 祭扫活动须知：

我国素有在祭扫中烧香、烧纸的习俗，致使每年清明节火灾事故时有发生。为保障骨灰堂公墓、林地的消防安全，维护扫墓活动的良好秩序。严禁在骨灰堂、公墓、林地烧纸和其他动用明火的行为。对违反者，依照国家和当地的有关规定给予处罚，构成犯罪的，依法追究刑事责任。

四、移风易俗

1. 保护环境：

丧葬应当和保护生态环境结合起来，尽量采用有利于保护生态环境的殡葬方式。我国殡葬管理部门提倡火葬方式，并在各个行政区划内都设立了专门的骨灰存放地或公墓。我国除少数人口稀疏的山区仍实行土葬外，绝大多数地区都实行火葬。火葬可以减少占地和环境污染。不得在荒山野外随意设立墓地，那样一方面造成环境破坏，另一方面这种非法墓地得不到政府部门的保护，容易遭到破坏，使故去的人得不到安息。

2. 厚养薄葬：

赡养老人是中华民族的优良传统。当老人在世时，子女应该尽心奉养，照顾好老人的饮食起居，使老人身心健康、幸福快乐。当老人去世后，丧事要从简，不要铺张浪费，丧事的丰与俭并不代表子女的孝顺与否。

3. 破除迷信：

在进行丧葬祭扫活动过程中，要坚决禁止任何封建迷信行为。不得借丧葬祭扫搞任何封建迷信活动。

五、遗体接运

各地殡仪馆有 24 小时值班电话，可以预定遗体接运时间、预定遗体存放方式、灵车随叫随到。

六、遗体告别

1. 整容：各地有专业整容师，再现亲人容颜，抚慰家属心情。

2. 告别仪式：殡仪馆布置灵堂、奏哀乐、照相、摄像、代写挽联、租买花圈、鲜花及花篮等服务。

七、遗体火化

当日火化当日取灰、安放，多种骨灰盒可供挑选。

八、安放方式

有骨灰堂、骨灰墙、骨灰亭、骨灰廊、骨灰深葬、骨灰林、骨灰墓、骨灰撒海

九、丧葬用品

各地殡仪馆均提供骨灰盒、挽联、花圈、鲜花、鲜花篮等服务。

十、祭扫活动

各地殡仪馆可以提供鲜花、绢花、盆栽花。专门设置焚烧冥纸、物品的地点。

# 中华人民共和国公益事业捐赠法

中华人民共和国主席令

第 19 号

《中华人民共和国公益事业捐赠法》已由中华人民共和国第九届全国人民代表大会常务委员会第十次会议于1999年6月28日通过，现予公布，自1999年9月1日起施行。

中华人民共和国主席　江泽民

1999年6月28日

## 第一章　总　则

**第一条**　为了鼓励捐赠，规范捐赠和受赠行为，保护捐赠人、受赠人和受益人的合法权益，促进公益事业的发展，制定本法。

**第二条**　自然人、法人或者其他组织自愿无偿向依法成立的公益性社会团体和公益性非营利的事业单位捐赠财产，用于公益事业的，适用本法。

**第三条**　本法所称公益事业是指非营利的下列事项：

（一）救助灾害、救济贫困、扶助残疾人等困难的社会群体和个人的活动；

（二）教育、科学、文化、卫生、体育事业；

（三）环境保护、社会公共设施建设；

（四）促进社会发展和进步的其他社会公共和福利事业。

**第四条**　捐赠应当是自愿和无偿的，禁止强行摊派或者变相摊派，不得以捐赠为名从事营利活动。

**第五条**　捐赠财产的使用应当尊重捐赠人的意愿，符合公益目的，不得将捐赠财产挪作他用。

**第六条**　捐赠应当遵守法律、法规，不得违背社会公德，不得损害公共利益和其他公民的合法权益。

**第七条**　公益性社会团体受赠的财产及其增值为社会公共财产，受国家法律保护，任何单位和个人不得侵占、挪用和损毁。

**第八条**　国家鼓励公益事业的发展，对公益性社会团体和公益性非营利的事业单位给予扶持和优待。

国家鼓励自然人、法人或者其他组织对公益事0业进行捐赠。

对公益事业捐赠有突出贡献的自然人、法人或者其他组织，由人民政府或者有关部门予以表彰。对捐赠人进行公开表彰，应当事先征求捐赠人的意见。

# 第二章　捐赠和受赠

**第九条**　自然人、法人或者其他组织可以选择符合其捐赠意愿的公益性社会团体和公益性非营利的事业单位进行捐赠。捐赠的财产应当是其有权处分的合法财产。

**第十条**　公益性社会团体和公益性非营利的事业单位可以依照

本法接受捐赠。

本法所称公益性社会团体是指依法成立的，以发展公益事业为宗旨的基金会、慈善组织等社会团体。

本法所称公益性非营利的事业单位是指依法成立的，从事公益事业的不以营利为目的的教育机构、科学研究机构、医疗卫生机构、社会公共文化机构、社会公共体育机构和社会福利机构等。

第十一条　在发生自然灾害时或者境外捐赠人要求县级以上人民政府及其部门作为受赠人时，县级以上人民政府及其部门可以接受捐赠，并依照本法的有关规定对捐赠财产进行管理。

县级以上人民政府及其部门可以将受赠财产转交公益性社会团体或者公益性非营利的事业单位；也可以按照捐赠人的意愿分发或者兴办公益事业，但是不得以本机关为受益对象。

第十二条　捐赠人可以与受赠人就捐赠财产的种类、质量、数量和用途等内容订立捐赠协议。捐赠人有权决定捐赠的数量、用途和方式。

捐赠人应当依法履行捐赠协议，按照捐赠协议约定的期限和方式将捐赠财产转移给受赠人。

第十三条　捐赠人捐赠财产兴建公益事业工程项目，应当与受赠人订立捐赠协议，对工程项目的资金、建设、管理和使用作出约定。

捐赠的公益事业工程项目由受赠单位按照国家有关规定办理项目审批手续，并组织施工或者由受赠人和捐赠人共同组织施工。工程质量应当符合国家质量标准。

捐赠的公益事业工程项目竣工后，受赠单位应当将工程建设、建设资金的使用和工程质量验收情况向捐赠人通报。

第十四条　捐赠人对于捐赠的公益事业工程项目可以留名纪念；捐赠人单独捐赠的工程项目或者主要由捐赠人出资兴建的工程

项目，可以由捐赠人提出工程项目的名称，报县级以上人民政府批准。

**第十五条** 境外捐赠人捐赠的财产，由受赠人按照国家有关规定办理入境手续；捐赠实行许可证管理的物品，由受赠人按照国家有关规定办理许可证申领手续，海关凭许可证验放、监管。

华侨向境内捐赠的，县级以上人民政府侨务部门可以协助办理有关入境手续，为捐赠人实施捐赠项目提供帮助。

# 第三章 捐赠财产的使用和管理

**第十六条** 受赠人接受捐赠后，应当向捐赠人出具合法、有效的收据，将受赠财产登记造册，妥善保管。

**第十七条** 公益性社会团体应当将受赠财产用于资助符合其宗旨的活动和事业。对于接受的救助灾害的捐赠财产，应当及时用于救助活动。基金会每年用于资助公益事业的资金数额，不得低于国家规定的比例。

公益性社会团体应当严格遵守国家的有关规定，按照合法、安全、有效的原则，积极实现捐赠财产的保值增值。

公益性非营利的事业单位应当将受赠财产用于发展本单位的公益事业，不得挪作他用。

对于不易储存、运输和超过实际需要的受赠财产，受赠人可以变卖，所取得的全部收入，应当用于捐赠目的。

**第十八条** 受赠人与捐赠人订立了捐赠协议的，应当按照协议约定的用途使用捐赠财产，不得擅自改变捐赠财产的用途。如果确需改变用途的，应当征得捐赠人的同意。

**第十九条** 受赠人应当依照国家有关规定，建立健全财务会计制度和受赠财产的使用制度，加强对受赠财产的管理。

第二十条　受赠人每年度应当向政府有关部门报告受赠财产的使用、管理情况，接受监督。必要时，政府有关部门可以对其财务进行审计。

海关对减免关税的捐赠物品依法实施监督和管理。

县级以上人民政府侨务部门可以参与对华侨向境内捐赠财产使用与管理的监督。

第二十一条　捐赠人有权向受赠人查询捐赠财产的使用、管理情况，并提出意见和建议。对于捐赠人的查询，受赠人应当如实答复。

第二十二条　受赠人应当公开接受捐赠的情况和受赠财产的使用、管理情况，接受社会监督。

第二十三条　公益性社会团体应当厉行节约，降低管理成本，工作人员的工资和办公费用从利息等收入中按照国家规定的标准开支。

# 第四章　优惠措施

第二十四条　公司和其他企业依照本法的规定捐赠财产用于公益事业，依照法律、行政法规的规定享受企业所得税方面的优惠。

第二十五条　自然人和个体工商户依照本法的规定捐赠财产用于公益事业，依照法律、行政法规的规定享受个人所得税方面的优惠。

第二十六条　境外向公益性社会团体和公益性非营利的事业单位捐赠的用于公益事业的物资，依照法律、行政法规的规定减征或者免征进口关税和进口环节的增值税。

第二十七条　对于捐赠的工程项目，当地人民政府应当给予支持和优惠。

# 第五章　法律责任

**第二十八条**　受赠人未征得捐赠人的许可，擅自改变捐赠财产的性质、用途的，由县级以上人民政府有关部门责令改正，给予警告。拒不改正的，经征求捐赠人的意见，由县级以上人民政府将捐赠财产交由与其宗旨相同或者相似的公益性社会团体或者公益性非营利的事业单位管理。

**第二十九条**　挪用、侵占或者贪污捐赠款物的，由县级以上人民政府有关部门责令退还所用、所得款物，并处以罚款；对直接责任人员，由所在单位依照有关规定予以处理；构成犯罪的，依法追究刑事责任。

依照前款追回、追缴的捐赠款物，应当用于原捐赠目的和用途。

**第三十条**　在捐赠活动中，有下列行为之一的，依照法律、法规的有关规定予以处罚；构成犯罪的，依法追究刑事责任：

（一）逃汇、骗购外汇的；

（二）偷税、逃税的；

（三）进行走私活动的；

（四）未经海关许可并且未补缴应缴税额，擅自将减税、免税进口的捐赠物资在境内销售、转让或者移作他用的。

**第三十一条**　受赠单位的工作人员，滥用职权，玩忽职守，徇私舞弊，致使捐赠财产造成重大损失的，由所在单位依照有关规定予以处理；构成犯罪的，依法追究刑事责任。

# 第六章　附　则

**第三十二条**　本法自 19990901 起施行。

# 附 录

## 公益事业捐赠票据使用管理暂行办法

关于印发《公益事业捐赠票据使用管理暂行办法》的通知

财综〔2010〕112 号

党中央有关部门，国务院各部委、各直属机构，全国人大常委会办公厅，全国政协办公厅，高法院，高检院，有关人民团体，各省、自治区、直辖市、计划单列市财政厅（局），新疆生产建设兵团财务局：

为进一步健全和完善财政票据管理制度，规范捐赠票据使用管理，加强财务管理监督，根据《中华人民共和国公益事业捐赠法》以及国家有关财务会计和财政票据管理的法律制度规定，我们制定了《公益事业捐赠票据使用管理暂行办法》，现印发给你们，请遵照执行。

财政部

二〇一〇年十一月二十八日

## 第一章 总 则

**第一条** 为规范公益事业捐赠票据使用行为，加强公益事业捐赠收入财务监督管理，促进社会公益事业发展，根据《中华人民共和国公益事业捐赠法》以及国家有关财务会计和财政票据管理的法律制度规定，制定本办法。

第二条　本办法所称的公益事业捐赠票据（以下简称捐赠票据），是指各级人民政府及其部门、公益性事业单位、公益性社会团体及其他公益性组织（以下简称公益性单位）按照自愿、无偿原则，依法接受并用于公益事业的捐赠财物时，向提供捐赠的自然人、法人和其他组织开具的凭证。

本办法所称的公益事业，是指下列非营利事项：

（一）救助灾害、救济贫困、扶助残疾人等困难的社会群体和个人的活动；

（二）教育、科学、文化、卫生、体育事业；

（三）环境保护、社会公共设施建设；

（四）促进社会发展和进步的其他社会公共和福利事业。

第三条　捐赠票据是会计核算的原始凭证，是财政、税务、审计、监察等部门进行监督检查的依据。

捐赠票据是捐赠人对外捐赠并根据国家有关规定申请捐赠款项税前扣除的有效凭证。

第四条　捐赠票据的印制、领购、核发、使用、保管、核销、稽查等活动，适用本办法。

第五条　各级人民政府财政部门（以下简称各级财政部门）是捐赠票据的主管部门，按照职能分工和管理权限负责捐赠票据的印制、核发、保管、核销、稽查等工作。

## 第二章　捐赠票据的内容和适用范围

第六条　捐赠票据的基本内容包括票据名称、票据编码、票据监制章、捐赠人、开票日期、捐赠项目、数量、金额、实物（外币）种类、接受单位、复核人、开票人及联次等。

捐赠票据一般应设置为三联，包括存根联、收据联和记账联，各联次以不同颜色加以区分。

**第七条** 下列按照自愿和无偿原则依法接受捐赠的行为，应当开具捐赠票据：

（一）各级人民政府及其部门在发生自然灾害时或者应捐赠人要求接受的捐赠；

（二）公益性事业单位接受用于公益事业的捐赠；

（三）公益性社会团体接受用于公益事业的捐赠；

（四）其他公益性组织接受用于公益事业的捐赠；

（五）财政部门认定的其他行为。

**第八条** 下列行为，不得使用捐赠票据：

（一）集资、摊派、筹资、赞助等行为；

（二）以捐赠名义接受财物并与出资人利益相关的行为；

（三）以捐赠名义从事营利活动的行为；

（四）收取除捐赠以外的政府非税收入、医疗服务收入、会费收入、资金往来款项等应使用其他相应财政票据的行为；

（五）按照税收制度规定应使用税务发票的行为；

（六）财政部门认定的其他行为。

## 第三章 捐赠票据的印制、领购和核发

**第九条** 捐赠票据分别由财政部或省、自治区、直辖市人民政府财政部门（以下简称省级政府财政部门）统一印制，并套印全国统一式样的财政票据监制章。

**第十条** 捐赠票据由独立核算、会计制度健全的公益性单位向同级财政部门领购。

**第十一条** 捐赠票据实行凭证领购、分次限量、核旧购新的领购制度。

第十二条　公益性单位首次申领捐赠票据时，应当提供《财政票据领购证》和领购申请函，在领购申请中需详细列明领购捐赠票据的使用范围和项目。属于公益性社会团体的，还需提供社会团体章程。

财政部门依照本办法，对公益性单位提供的捐赠票据使用范围和项目进行审核，对符合捐赠票据适用范围的，予以核准；不符合捐赠票据适用范围的，不予以核准，并向领购单位说明原因。

公益性单位未取得《财政票据领购证》的，应按照规定程序先办理《财政票据领购证》。

第十三条　公益性单位再次领购捐赠票据时，应当出示《财政票据领购证》，并提交前次领购捐赠票据的使用情况说明及存根，经同级财政部门审验无误并核销后，方可继续领购。

捐赠票据的使用情况说明应当包括以下内容：捐赠票据领购、使用、作废、结存等情况，接受捐赠以及捐赠收入的使用情况等。

第十四条　公益性单位领购捐赠票据实行限量发放，每次领购数量一般不超过本单位6个月的需要量。

第十五条　公益性单位领购捐赠票据时，应按照省级以上价格主管部门会同同级财政部门规定的收费标准，向财政部门支付财政票据工本费。

## 第四章　捐赠票据的使用与保管

第十六条　公益性单位应当严格按照本办法规定和财政部门的要求开具捐赠票据。

第十七条　公益性单位接受货币（包括外币）捐赠时，应按实际收到的金额填开捐赠票据。

第十八条　公益性单位接受非货币性捐赠时，应按其公允价值填开捐赠票据。

第十九条　公益性单位应当按票据号段顺序使用捐赠票据，填写捐赠票据时做到字迹清楚，内容完整、真实，印章齐全，各联次内容和金额一致。填写错误的，应当另行填写。因填写错误等原因作废的票据，应当加盖作废戳记或者注明"作废"字样，并完整保存全部联次，不得私自销毁。

第二十条　捐赠票据的领用单位不得转让、出借、代开、买卖、销毁、涂改捐赠票据，不得将捐赠票据与其他财政票据、税务发票互相串用。

第二十一条　公益性单位应当建立捐赠票据管理制度，设置管理台账，由专人负责捐赠票据的领购、使用登记与保管，并按规定向同级财政部门报送捐赠票据的领购、使用、作废、结存以及接受捐赠和捐赠收入使用情况。

第二十二条　公益性单位领购捐赠票据时，应当检查是否有缺页、号码错误、毁损等情况，一经发现应当及时交回财政票据监管机构处理。

第二十三条　公益性单位遗失捐赠票据的，应及时在县级以上新闻媒体上声明作废，并将遗失票据名称、数量、号段、遗失原因及媒体声明资料等有关情况，以书面形式报送同级财政部门备案。

第二十四条　公益性单位应当妥善保管已开具的捐赠票据存根，票据存根保存期限一般为 5 年。

第二十五条　对保存期满需要销毁的捐赠票据存根和未使用的需要作废销毁的捐赠票据，由公益性单位负责登记造册，报经同级财政部门核准后，由同级财政部门组织销毁。

第二十六条　公益性单位撤销、改组、合并的，在办理《财政票据领购证》的变更或注销手续时，应对公益性单位已使用的捐赠票据存根及尚未使用的捐赠票据登记造册，并交送同级财政部门统一核销、过户或销毁。

**第二十七条** 省级政府财政部门印制的捐赠票据，一般应当在本行政区域内核发使用，不得跨行政区域核发使用，但本地区派驻其他省、自治区、直辖市的公益性单位除外。

## 第五章 监督检查

**第二十八条** 各级财政部门应当根据实际情况和管理需要，对捐赠票据的领购、使用、保管等情况进行年度稽查，也可以进行定期或者不定期的专项检查。

**第二十九条** 公益性单位应当自觉接受财政部门的监督检查，如实反映情况，提供有关资料，不得隐瞒情况、弄虚作假或者拒绝、阻碍监督检查。

**第三十条** 违反本办法规定领购、使用、管理捐赠票据的，财政部门应当责令公益性单位限期整改，整改期间暂停核发该单位的捐赠票据，按照《财政违法行为处罚处分条例》（国务院令第 427号）等规定追究法律责任。

**第三十一条** 各级财政部门应当按照规定对捐赠票据使用管理情况进行监督检查，不得滥用职权、徇私舞弊，不得向被查公益性单位收取任何费用。

## 第六章 附 则

**第三十二条** 省级政府财政部门可以根据本办法，结合本地区实际情况，制定具体实施办法，报财政部备案。

**第三十三条** 本办法自 2011 年 7 月 1 日起施行。

附 1：公益事业捐赠统一票据（本装票）式样及印制说明（略）

附 2：公益事业捐赠统一票据（滚筒机打）式样及印制说明（略）

# 社会救助暂行办法

中华人民共和国国务院令

第 649 号

现公布《社会救助暂行办法》，自 2014 年 5 月 1 日起施行。

总理　李克强

2014 年 2 月 21 日

# 第一章　总　则

**第一条**　为了加强社会救助，保障公民的基本生活，促进社会公平，维护社会和谐稳定，根据宪法，制定本办法。

**第二条**　社会救助制度坚持托底线、救急难、可持续，与其他社会保障制度相衔接，社会救助水平与经济社会发展水平相适应。

社会救助工作应当遵循公开、公平、公正、及时的原则。

**第三条**　国务院民政部门统筹全国社会救助体系建设。国务院民政、卫生计生、教育、住房城乡建设、人力资源社会保障等部门，按照各自职责负责相应的社会救助管理工作。

县级以上地方人民政府民政、卫生计生、教育、住房城乡建设、人力资源社会保障等部门，按照各自职责负责本行政区域内相应的社会救助管理工作。

前两款所列行政部门统称社会救助管理部门。

**第四条** 乡镇人民政府、街道办事处负责有关社会救助的申请受理、调查审核，具体工作由社会救助经办机构或者经办人员承担。

村民委员会、居民委员会协助做好有关社会救助工作。

**第五条** 县级以上人民政府应当将社会救助纳入国民经济和社会发展规划，建立健全政府领导、民政部门牵头、有关部门配合、社会力量参与的社会救助工作协调机制，完善社会救助资金、物资保障机制，将政府安排的社会救助资金和社会救助工作经费纳入财政预算。

社会救助资金实行专项管理，分账核算，专款专用，任何单位或者个人不得挤占挪用。社会救助资金的支付，按照财政国库管理的有关规定执行。

**第六条** 县级以上人民政府应当按照国家统一规划建立社会救助管理信息系统，实现社会救助信息互联互通、资源共享。

**第七条** 国家鼓励、支持社会力量参与社会救助。

**第八条** 对在社会救助工作中作出显著成绩的单位、个人，按照国家有关规定给予表彰、奖励。

# 第二章 最低生活保障

**第九条** 国家对共同生活的家庭成员人均收入低于当地最低生活保障标准，且符合当地最低生活保障家庭财产状况规定的家庭，给予最低生活保障。

第十条 最低生活保障标准，由省、自治区、直辖市或者设区的市级人民政府按照当地居民生活必需的费用确定、公布，并根据当地经济社会发展水平和物价变动情况适时调整。

最低生活保障家庭收入状况、财产状况的认定办法，由省、自治区、直辖市或者设区的市级人民政府按照国家有关规定制定。

第十一条 申请最低生活保障，按照下列程序办理：

（一）由共同生活的家庭成员向户籍所在地的乡镇人民政府、街道办事处提出书面申请；家庭成员申请有困难的，可以委托村民委员会、居民委员会代为提出申请。

（二）乡镇人民政府、街道办事处应当通过入户调查、邻里访问、信函索证、群众评议、信息核查等方式，对申请人的家庭收入状况、财产状况进行调查核实，提出初审意见，在申请人所在村、社区公示后报县级人民政府民政部门审批。

（三）县级人民政府民政部门经审查，对符合条件的申请予以批准，并在申请人所在村、社区公布；对不符合条件的申请不予批准，并书面向申请人说明理由。

第十二条 对批准获得最低生活保障的家庭，县级人民政府民政部门按照共同生活的家庭成员人均收入低于当地最低生活保障标准的差额，按月发给最低生活保障金。

对获得最低生活保障后生活仍有困难的老年人、未成年人、重度残疾人和重病患者，县级以上地方人民政府应当采取必要措施给予生活保障。

第十三条 最低生活保障家庭的人口状况、收入状况、财产状况发生变化的，应当及时告知乡镇人民政府、街道办事处。

县级人民政府民政部门以及乡镇人民政府、街道办事处应当对获得最低生活保障家庭的人口状况、收入状况、财产状况定期核查。

最低生活保障家庭的人口状况、收入状况、财产状况发生变化的，县级人民政府民政部门应当及时决定增发、减发或者停发最低生活保障金；决定停发最低生活保障金的，应当书面说明理由。

# 第三章　特困人员供养

**第十四条**　国家对无劳动能力、无生活来源且无法定赡养、抚养、扶养义务人，或者其法定赡养、抚养、扶养义务人无赡养、抚养、扶养能力的老年人、残疾人以及未满 16 周岁的未成年人，给予特困人员供养。

**第十五条**　特困人员供养的内容包括：

（一）提供基本生活条件；

（二）对生活不能自理的给予照料；

（三）提供疾病治疗；

（四）办理丧葬事宜。

特困人员供养标准，由省、自治区、直辖市或者设区的市级人民政府确定、公布。

特困人员供养应当与城乡居民基本养老保险、基本医疗保障、最低生活保障、孤儿基本生活保障等制度相衔接。

**第十六条**　申请特困人员供养，由本人向户籍所在地的乡镇人民政府、街道办事处提出书面申请；本人申请有困难的，可以委托村民委员会、居民委员会代为提出申请。

特困人员供养的审批程序适用本办法第十一条规定。

**第十七条**　乡镇人民政府、街道办事处应当及时了解掌握居民的生活情况，发现符合特困供养条件的人员，应当主动为其依法办理供养。

**第十八条**　特困供养人员不再符合供养条件的，村民委员会、居民委员会或者供养服务机构应当告知乡镇人民政府、街道办事处，由乡镇人民政府、街道办事处审核并报县级人民政府民政部门核准后，终止供养并予以公示。

**第十九条** 特困供养人员可以在当地的供养服务机构集中供养，也可以在家分散供养。特困供养人员可以自行选择供养形式。

# 第四章 受灾人员救助

**第二十条** 国家建立健全自然灾害救助制度，对基本生活受到自然灾害严重影响的人员，提供生活救助。

自然灾害救助实行属地管理，分级负责。

**第二十一条** 设区的市级以上人民政府和自然灾害多发、易发地区的县级人民政府应当根据自然灾害特点、居民人口数量和分布等情况，设立自然灾害救助物资储备库，保障自然灾害发生后救助物资的紧急供应。

**第二十二条** 自然灾害发生后，县级以上人民政府或者人民政府的自然灾害救助应急综合协调机构应当根据情况紧急疏散、转移、安置受灾人员，及时为受灾人员提供必要的食品、饮用水、衣被、取暖、临时住所、医疗防疫等应急救助。

**第二十三条** 灾情稳定后，受灾地区县级以上人民政府应当评估、核定并发布自然灾害损失情况。

**第二十四条** 受灾地区人民政府应当在确保安全的前提下，对住房损毁严重的受灾人员进行过渡性安置。

**第二十五条** 自然灾害危险消除后，受灾地区人民政府民政等部门应当及时核实本行政区域内居民住房恢复重建补助对象，并给予资金、物资等救助。

第二十六条　自然灾害发生后，受灾地区人民政府应当为因当年冬寒或者次年春荒遇到生活困难的受灾人员提供基本生活救助。

# 第五章　医疗救助

第二十七条　国家建立健全医疗救助制度，保障医疗救助对象获得基本医疗卫生服务。

第二十八条　下列人员可以申请相关医疗救助：

（一）最低生活保障家庭成员；

（二）特困供养人员；

（三）县级以上人民政府规定的其他特殊困难人员。

第二十九条　医疗救助采取下列方式：

（一）对救助对象参加城镇居民基本医疗保险或者新型农村合作医疗的个人缴费部分，给予补贴；

（二）对救助对象经基本医疗保险、大病保险和其他补充医疗保险支付后，个人及其家庭难以承担的符合规定的基本医疗自负费用，给予补助。

医疗救助标准，由县级以上人民政府按照经济社会发展水平和医疗救助资金情况确定、公布。

第三十条　申请医疗救助的，应当向乡镇人民政府、街道办事处提出，经审核、公示后，由县级人民政府民政部门审批。最低生活保障家庭成员和特困供养人员的医疗救助，由县级人民政府民政部门直接办理。

第三十一条　县级以上人民政府应当建立健全医疗救助与基本医疗保险、大病保险相衔接的医疗费用结算机制，为医疗救助对象提供便捷服务。

**第三十二条** 国家建立疾病应急救助制度，对需要急救但身份不明或者无力支付急救费用的急重危伤病患者给予救助。符合规定的急救费用由疾病应急救助基金支付。

疾病应急救助制度应当与其他医疗保障制度相衔接。

# 第六章　教育救助

**第三十三条** 国家对在义务教育阶段就学的最低生活保障家庭成员、特困供养人员，给予教育救助。

对在高中教育（含中等职业教育）、普通高等教育阶段就学的最低生活保障家庭成员、特困供养人员，以及不能入学接受义务教育的残疾儿童，根据实际情况给予适当教育救助。

**第三十四条** 教育救助根据不同教育阶段需求，采取减免相关费用、发放助学金、给予生活补助、安排勤工助学等方式实施，保障教育救助对象基本学习、生活需求。

**第三十五条** 教育救助标准，由省、自治区、直辖市人民政府根据经济社会发展水平和教育救助对象的基本学习、生活需求确定、公布。

**第三十六条** 申请教育救助，应当按照国家有关规定向就读学校提出，按规定程序审核、确认后，由学校按照国家有关规定实施。

# 第七章　住房救助

**第三十七条** 国家对符合规定标准的住房困难的最低生活保障家庭、分散供养的特困人员，给予住房救助。

**第三十八条** 住房救助通过配租公共租赁住房、发放住房租赁补贴、农村危房改造等方式实施。

第三十九条 住房困难标准和救助标准，由县级以上地方人民政府根据本行政区域经济社会发展水平、住房价格水平等因素确定、公布。

第四十条 城镇家庭申请住房救助的，应当经由乡镇人民政府、街道办事处或者直接向县级人民政府住房保障部门提出，经县级人民政府民政部门审核家庭收入、财产状况和县级人民政府住房保障部门审核家庭住房状况并公示后，对符合申请条件的申请人，由县级人民政府住房保障部门优先给予保障。

农村家庭申请住房救助的，按照县级以上人民政府有关规定执行。

第四十一条 各级人民政府按照国家规定通过财政投入、用地供应等措施为实施住房救助提供保障。

# 第八章 就业救助

第四十二条 国家对最低生活保障家庭中有劳动能力并处于失业状态的成员，通过贷款贴息、社会保险补贴、岗位补贴、培训补贴、费用减免、公益性岗位安置等办法，给予就业救助。

第四十三条 最低生活保障家庭有劳动能力的成员均处于失业状态的，县级以上地方人民政府应当采取有针对性的措施，确保该家庭至少有一人就业。

第四十四条 申请就业救助的，应当向住所地街道、社区公共就业服务机构提出，公共就业服务机构核实后予以登记，并免费提供就业岗位信息、职业介绍、职业指导等就业服务。

第四十五条 最低生活保障家庭中有劳动能力但未就业的成员，应当接受人力资源社会保障等有关部门介绍的工作；无正当理由，连续 3 次拒绝接受介绍的与其健康状况、劳动能力等相适应的工作的，县级人民政府民政部门应当决定减发或者停发其本人的最低生活保障金。

第四十六条　吸纳就业救助对象的用人单位，按照国家有关规定享受社会保险补贴、税收优惠、小额担保贷款等就业扶持政策。

# 第九章　临时救助

第四十七条　国家对因火灾、交通事故等意外事件，家庭成员突发重大疾病等原因，导致基本生活暂时出现严重困难的家庭，或者因生活必需支出突然增加超出家庭承受能力，导致基本生活暂时出现严重困难的最低生活保障家庭，以及遭遇其他特殊困难的家庭，给予临时救助。

第四十八条　申请临时救助的，应当向乡镇人民政府、街道办事处提出，经审核、公示后，由县级人民政府民政部门审批；救助金额较小的，县级人民政府民政部门可以委托乡镇人民政府、街道办事处审批。情况紧急的，可以按照规定简化审批手续。

第四十九条　临时救助的具体事项、标准，由县级以上地方人民政府确定、公布。

第五十条　国家对生活无着的流浪、乞讨人员提供临时食宿、急病救治、协助返回等救助。

第五十一条　公安机关和其他有关行政机关的工作人员在执行公务时发现流浪、乞讨人员的，应当告知其向救助管理机构求助。对其中的残疾人、未成年人、老年人和行动不便的其他人员，应当引导、护送到救助管理机构；对突发急病人员，应当立即通知急救机构进行救治。

# 第十章　社会力量参与

**第五十二条**　国家鼓励单位和个人等社会力量通过捐赠、设立帮扶项目、创办服务机构、提供志愿服务等方式，参与社会救助。

**第五十三条**　社会力量参与社会救助，按照国家有关规定享受财政补贴、税收优惠、费用减免等政策。

**第五十四条**　县级以上地方人民政府可以将社会救助中的具体服务事项通过委托、承包、采购等方式，向社会力量购买服务。

**第五十五条**　县级以上地方人民政府应当发挥社会工作服务机构和社会工作者作用，为社会救助对象提供社会融入、能力提升、心理疏导等专业服务。

**第五十六条**　社会救助管理部门及相关机构应当建立社会力量参与社会救助的机制和渠道，提供社会救助项目、需求信息，为社会力量参与社会救助创造条件、提供便利。

# 第十一章　监督管理

**第五十七条**　县级以上人民政府及其社会救助管理部门应当加强对社会救助工作的监督检查，完善相关监督管理制度。

**第五十八条**　申请或者已获得社会救助的家庭，应当按照规定如实申报家庭收入状况、财产状况。

县级以上人民政府民政部门根据申请或者已获得社会救助家庭的请求、委托，可以通过户籍管理、税务、社会保险、不动产登记、工商登记、住房公积金管理、车船管理等单位和银行、保险、证券等金融机构，代为查询、核对其家庭收入状况、财产状况；有关单位和金融机构应当予以配合。

县级以上人民政府民政部门应当建立申请和已获得社会救助家庭经济状况信息核对平台，为审核认定社会救助对象提供依据。

**第五十九条** 县级以上人民政府社会救助管理部门和乡镇人民政府、街道办事处在履行社会救助职责过程中，可以查阅、记录、复制与社会救助事项有关的资料，询问与社会救助事项有关的单位、个人，要求其对相关情况作出说明，提供相关证明材料。有关单位、个人应当如实提供。

**第六十条** 申请社会救助，应当按照本办法的规定提出；申请人难以确定社会救助管理部门的，可以先向社会救助经办机构或者县级人民政府民政部门求助。社会救助经办机构或者县级人民政府民政部门接到求助后，应当及时办理或者转交其他社会救助管理部门办理。

乡镇人民政府、街道办事处应当建立统一受理社会救助申请的窗口，及时受理、转办申请事项。

**第六十一条** 履行社会救助职责的工作人员对在社会救助工作中知悉的公民个人信息，除按照规定应当公示的信息外，应当予以保密。

**第六十二条** 县级以上人民政府及其社会救助管理部门应当通过报刊、广播、电视、互联网等媒体，宣传社会救助法律、法规和政策。

县级人民政府及其社会救助管理部门应当通过公共查阅室、资料索取点、信息公告栏等便于公众知晓的途径，及时公开社会救助资金、物资的管理和使用等情况，接受社会监督。

**第六十三条** 履行社会救助职责的工作人员行使职权，应当接受社会监督。

任何单位、个人有权对履行社会救助职责的工作人员在社会救助工作中的违法行为进行举报、投诉。受理举报、投诉的机关应当及时核实、处理。

第六十四条 县级以上人民政府财政部门、审计机关依法对社会救助资金、物资的筹集、分配、管理和使用实施监督。

第六十五条 申请或者已获得社会救助的家庭或者人员，对社会救助管理部门作出的具体行政行为不服的，可以依法申请行政复议或者提起行政诉讼。

# 第十二章 法律责任

第六十六条 违反本办法规定，有下列情形之一的，由上级行政机关或者监察机关责令改正；对直接负责的主管人员和其他直接责任人员依法给予处分：

（一）对符合申请条件的救助申请不予受理的；

（二）对符合救助条件的救助申请不予批准的；

（三）对不符合救助条件的救助申请予以批准的；

（四）泄露在工作中知悉的公民个人信息，造成后果的；

（五）丢失、篡改接受社会救助款物、服务记录等数据的；

（六）不按照规定发放社会救助资金、物资或者提供相关服务的；

（七）在履行社会救助职责过程中有其他滥用职权、玩忽职守、徇私舞弊行为的。

第六十七条 违反本办法规定，截留、挤占、挪用、私分社会救助资金、物资的，由有关部门责令追回；有违法所得的，没收违法所得；对直接负责的主管人员和其他直接责任人员依法给予处分。

第六十八条 采取虚报、隐瞒、伪造等手段，骗取社会救助资金、物资或者服务的，由有关部门决定停止社会救助，责令退回非法获取的救助资金、物资，可以处非法获取的救助款额或者物资价值 1 倍以上 3 倍以下的罚款；构成违反治安管理行为的，依法给予治安管理处罚。

**第六十九条** 违反本办法规定，构成犯罪的，依法追究刑事责任。

# 第十三章 附 则

**第七十条** 本办法自 2014 年 5 月 1 日起施行。

# 救灾捐赠管理办法

中华人民共和国民政部令

第 35 号

《救灾捐赠管理办法》已经 2007 年 10 月 26 日第二次部务会议原则通过，现予公布，自公布之日起施行。

民政部部长

二〇〇八年四月二十八日

## 第一章 总 则

**第一条** 为了规范救灾捐赠活动，加强救灾捐赠款物的管理，保护捐赠人、救灾捐赠受赠人和灾区受益人的合法权益，根据《中华人民共和国公益事业捐赠法》和《国家自然灾害救助应急预案》，制定本办法。

**第二条** 在发生自然灾害时，救灾募捐主体开展募捐活动，以及自然人、法人或者其他组织向救灾捐赠受赠人捐赠财产，用于支援灾区、帮助灾民的，适用本办法。

本办法所称救灾募捐主体是指在县级以上人民政府民政部门登记的具有救灾宗旨的公募基金会。

**第三条** 本办法所称救灾捐赠受赠人包括：

（一）县级以上人民政府民政部门及其委托的社会捐助接收机构；

（二）经县级以上人民政府民政部门认定的具有救灾宗旨的公益性民间组织；

（三）法律、行政法规规定的其他组织。

**第四条** 救灾捐赠应当是自愿和无偿的，禁止强行摊派或者变相摊派，不得以捐赠为名从事营利活动。

**第五条** 救灾捐赠款物的使用范围：

（一）解决灾民衣、食、住、医等生活困难；

（二）紧急抢救、转移和安置灾民；

（三）灾民倒塌房屋的恢复重建；

（四）捐赠人指定的与救灾直接相关的用途；

（五）经同级人民政府批准的其他直接用于救灾方面的必要开支。

**第六条** 国务院民政部门负责管理全国救灾捐赠工作。

县级以上地方人民政府民政部门负责管理本行政区域内的救灾捐赠工作。

**第七条** 对于在救灾捐赠中有突出贡献的自然人、法人或者其他组织，县级以上人民政府民政部门可以予以表彰。对捐赠人进行公开表彰，应当事先征求捐赠人的意见。

# 第二章　组织捐赠与募捐

**第八条** 国务院民政部门可以根据灾情组织开展跨省（自治

区、直辖市）或者全国性救灾捐赠活动，县级以上地方人民政府民政部门按照部署组织实施。

经同级人民政府批准，县级以上地方人民政府民政部门组织开展本行政区域内的救灾捐赠活动，但不得跨区域开展。

在县级以上地方人民政府民政部门开展的救灾捐赠活动中，同级人民政府辖区内的各系统、各部门、各单位在本系统、本部门、本单位内组织实施。

**第九条** 开展义演、义赛、义卖等大型救灾捐赠和募捐活动，举办单位应当在活动结束后 30 日内，报当地人民政府民政部门备案。备案内容包括：举办单位、活动时间、地点、内容、方式及款物用途等。

**第十条** 具有救灾宗旨的公募基金会，可以依法开展救灾募捐活动，但在发生自然灾害时所募集的资金不得用于增加原始基金。

# 第三章　接受捐赠

**第十一条** 县级以上人民政府民政部门接受救灾捐赠款物，根据工作需要可以指定社会捐助接收机构、具有救灾宗旨的公益性民间组织组织实施。

乡（镇）人民政府、城市街道办事处受县（县级市、市辖区）人民政府委托，可以组织代收本行政区域内村民、居民及驻在单位的救灾捐赠款物。代收的捐赠款物应当及时转交救灾捐赠受赠人。

**第十二条** 救灾捐赠受赠人应当向社会公布其名称、地址、联系人、联系电话、银行账号等。

**第十三条** 自然人、法人或者其他组织可以向救灾捐赠受赠人捐赠其有权处分的合法财产。

法人或者其他组织捐赠其自产或者外购商品的，需要享受税收优惠政策的，应当提供相应的发票及证明物品质量的资料。

**第十四条**　救灾捐赠受赠人接受救灾捐赠款物时，应当确认银行票据，当面清点现金，验收物资。捐赠人所捐款物不能当场兑现的，救灾捐赠受赠人应当与捐赠人签订载明捐赠款物种类、质量、数量和兑现时间等内容的捐赠协议。

捐赠人捐赠的食品、药品、生物化学制品应当符合国家食品药品监督管理和卫生行政等政府相关部门的有关规定。

**第十五条**　救灾捐赠受赠人接受救灾捐赠款物后，应当向捐赠人出具符合国家财务、税收管理规定的接收捐赠凭证。

**第十六条**　对符合税收法律法规规定的救灾捐赠，捐赠人凭捐赠凭证享受税收优惠政策，具体按照国家有关规定办理。

# 第四章　境外救灾捐赠

**第十七条**　国务院民政部门负责对境外通报灾情，表明接受境外救灾捐赠的态度，确定受援区域。

**第十八条**　国务院民政部门负责接受境外对中央政府的救灾捐赠。

县级以上地方人民政府民政部门负责接受境外对地方政府的救灾捐赠。

具有救灾宗旨的公益性民间组织接受境外救灾捐赠，应当报民政部门备案。

法律、行政法规另有规定的除外。

**第十九条**　救灾捐赠受赠人接受的外汇救灾捐赠款按国家外汇管理规定办理。

**第二十条**　境外救灾捐赠物资的检验、检疫、免税和入境，按照国家的有关规定办理。

第二十一条　对免税进口的救灾捐赠物资不得以任何形式转让、出售、出租或者移作他用。

# 第五章　救灾捐赠款物的管理和使用

第二十二条　救灾捐赠受赠人应当对救灾捐赠款指定账户，专项管理；对救灾捐赠物资建立分类登记表册。

第二十三条　具有救灾宗旨的公益性民间组织应当按照当地政府提供的灾区需求，提出分配、使用救灾捐赠款物方案，报同级人民政府民政部门备案，接受监督。

第二十四条　在国务院民政部门组织开展的跨省（自治区、直辖市）或者全国性救灾捐赠活动中，国务院民政部门可以统一分配、调拨全国救灾捐赠款物。

第二十五条　国务院民政部门负责调拨的救灾捐赠物资，属境外捐赠的，其运抵口岸后的运输等费用由受援地区负担；属境内捐赠的，由捐赠方负担。

县级以上地方人民政府民政部门负责调拨的救灾捐赠物资，运输、临时仓储等费用由地方同级财政负担。

第二十六条　县级以上人民政府民政部门根据灾情和灾区实际需求，可以统筹平衡和统一调拨分配救灾捐赠款物，并报上一级人民政府民政部门统计。

对捐赠人指定救灾捐赠款物用途或者受援地区的，应当按照捐赠人意愿使用。在捐赠款物过于集中同一地方的情况下，经捐赠人书面同意，省级以上人民政府民政部门可以调剂分配。发放救灾捐赠款物时，应当坚持民主评议、登记造册、张榜公布、公开发放等程序，做到制度健全、账目清楚，手续完备，并向社会公布。

县级以上人民政府民政部门应当会同监察、审计等部门及时对救灾捐赠款物的使用发放情况进行监督检查。

捐赠人有权向救灾捐赠受赠人查询救灾捐赠财产的使用、管理情况，并提出意见和建议。对于捐赠人的查询，救灾捐赠受赠人应当如实答复。

**第二十七条** 对灾区不适用的境内救灾捐赠物资，经捐赠人书面同意，报县级以上地方人民政府民政部门批准后可以变卖。

对灾区不适用的境外救灾捐赠物资，应当报省级人民政府民政部门批准后方可变卖。

变卖救灾捐赠物资应当由县级以上地方人民政府民政部门统一组织实施，一般应当采取公开拍卖方式。

变卖救灾捐赠物资所得款必须作为救灾捐赠款管理、使用，不得挪作他用。

**第二十八条** 可重复使用的救灾捐赠物资，县级以上地方人民政府民政部门应当及时回收、妥善保管，作为地方救灾物资储备。

**第二十九条** 接受的救灾捐赠款物，受赠人应当严格按照使用范围，在本年度内分配使用，不得滞留。如确需跨年度使用的，应当报上级人民政府民政部门审批。

**第三十条** 救灾捐赠款物的接受及分配、使用情况应当按照国务院民政部门规定的统计标准进行统计，并接受审计、监察等部门和社会的监督。

**第三十一条** 各级民政部门在组织救灾捐赠工作中，不得从捐赠款中列支费用。经民政部门授权的社会捐助接收机构、具有救灾宗旨的公益性民间组织，可以按照国家有关规定和自身组织章程，在捐赠款中列支必要的工作经费。捐赠人与救灾捐赠受赠人另有协议的除外。

**第三十二条** 救灾捐赠、募捐活动及款物分配、使用情况由县级以上人民政府民政部门统一向社会公布，一般每年不少于两次。集中捐赠和募捐活动一般应在活动结束后一个月内向社会公布信息。

# 第六章　法律责任

**第三十三条**　捐赠人应当依法履行捐赠协议，按照捐赠协议约定的期限和方式将捐赠财产转移给救灾捐赠受赠人。对不能按时履约的，应当及时向救灾捐赠受赠人说明情况，签订补充履约协议。救灾捐赠受赠人有权依法向协议捐赠人追要捐赠款物，并通过适当方式向社会公告说明。

**第三十四条**　挪用、侵占或者贪污救灾捐赠款物的，由县级以上人民政府民政部门责令退还所用、所得款物；对直接责任人，由所在单位依照有关规定予以处理；构成犯罪的，依法追究刑事责任。

依照前款追回、追缴的款物，应当用于救灾目的和用途。

**第三十五条**　救灾捐赠受赠人的工作人员，滥用职权，玩忽职守，徇私舞弊，致使捐赠财产造成重大损失的，由所在单位依照有关规定予以处理；构成犯罪的，依法追究刑事责任。

# 第七章　附　则

**第三十六条**　在境外发生特大自然灾害时，需要组织对外援助时，由国务院民政部门参照本办法组织实施社会捐赠，统一协调民间国际援助活动。

**第三十七条**　自然灾害以外的其他突发公共事件发生时，需要组织开展捐赠活动的，参照本办法执行。

**第三十八条**　本办法自发布之日起施行。2000 年 5 月 12 日民政部发布的《救灾捐赠管理暂行办法》同时废止。

# 彩票公益金管理办法

关于印发《彩票公益金管理办法》的通知

财综〔2012〕15 号

各省、自治区、直辖市财政厅（局），财政部驻各省、自治区、直辖市财政监察专员办事处：

根据《彩票管理条例》（国务院令第 554 号）和《彩票管理条例实施细则》（财政部 民政部 国家体育总局令第 67 号）有关规定，财政部修订了《彩票公益金管理办法》，现印发给你们，请遵照执行。

财政部

二○一二年三月二日

# 第一章 总 则

**第一条** 为了规范和加强彩票公益金筹集、分配和使用管理，健全彩票公益金监督机制，提高资金使用效益，根据《彩票管理条例》（国务院令第 554 号）和《彩票管理条例实施细则》（财政部

民政部　国家体育总局令第 67 号）有关规定，制定本办法。

第二条　彩票公益金是按照规定比例从彩票发行销售收入中提取的，专项用于社会福利、体育等社会公益事业的资金。

逾期未兑奖的奖金纳入彩票公益金。

第三条　彩票公益金纳入政府性基金预算管理，专款专用，结余结转下年继续使用。

# 第二章　收缴管理

第四条　彩票公益金由各省、自治区、直辖市彩票销售机构（以下简称彩票销售机构）根据国务院批准的彩票公益金分配政策和财政部批准的提取比例，按照每月彩票销售额据实结算后分别上缴中央财政和省级财政。

逾期未兑奖的奖金由彩票销售机构上缴省级财政，全部留归地方使用。

第五条　上缴中央财政的彩票公益金，由财政部驻各省、自治区、直辖市财政监察专员办事处（以下简称专员办）负责执收。具体程序为：

（一）彩票销售机构于每月 5 日前向驻在地专员办报送《上缴中央财政的彩票公益金申报表》（见附件 1）及相关材料，申报上月彩票销售金额和应上缴中央财政的彩票公益金金额；

（二）专员办于每月 10 日前完成申报资料的审核工作，核定缴款金额，并向彩票销售机构开具《非税收入一般缴款书》；

（三）彩票销售机构于每月 15 日前，按照《非税收入一般缴款书》载明的缴款金额上缴中央财政。

西藏自治区应上缴中央财政的彩票公益金，由西藏自治区财政厅负责执收。具体程序按照第一款执行。

第六条 专员办、西藏财政厅应当于每季度终了后 15 日内、年度终了后 30 日内，向财政部报送《上缴中央财政的彩票公益金统计报表》（见附件 2），相关重大问题应随时报告。

第七条 上缴省级财政的彩票公益金，由各省、自治区、直辖市人民政府财政部门（以下简称省级财政部门）负责执收，具体收缴程序按照省级财政部门的有关规定执行。

省级财政部门应当于年度终了后 30 日内，向财政部报送《彩票公益金统计报表》（见附件 3）。

第八条 专员办和省级财政部门应当于年度终了后 30 日内，完成对上一年度应缴中央财政和省级财政彩票公益金的清算及收缴工作。

# 第三章　分配和使用

第九条 上缴中央财政的彩票公益金，用于社会福利事业、体育事业、补充全国社会保障基金和国务院批准的其他专项公益事业，具体使用管理办法由财政部会同民政部、国家体育总局等有关部门制定。

第十条 中央财政安排用于社会福利事业和体育事业的彩票公益金，按照以下程序审批执行：

（一）财政部每年根据国务院批准的彩票公益金分配政策核定用于社会福利事业和体育事业的彩票公益金预算支出指标，分别列入中央本级支出以及中央对地方转移支付预算；

（二）列入中央本级支出的彩票公益金，由民政部和国家体育总局提出项目支出预算，报财政部审核后在部门预算中批复；民政部和国家体育总局根据财政部批准的预算，组织实施和管理；

（三）列入中央对地方转移支付预算的彩票公益金，由民政部和国家体育总局会同财政部确定资金分配原则，并提出分地区建议数，报财政部审核下达。

第十一条　中央财政安排用于补充全国社会保障基金的彩票公益金，由财政部每年根据国务院批准的彩票公益金分配政策核定预算支出指标，并按照有关规定拨付全国社会保障基金理事会。

第十二条　中央财政安排用于其他专项公益事业的彩票公益金，按照以下程序审批执行：

（一）申请使用彩票公益金的部门、单位，应当向财政部提交彩票公益金项目申报材料，财政部提出审核意见后报国务院审批；

（二）经国务院批准后，财政部向申请使用彩票公益金的部门、单位批复项目资金使用计划，并根据彩票公益金年度收入和项目进展情况，分别列入中央本级支出和中央对地方转移支付预算；

（三）申请使用彩票公益金的部门、单位，根据财政部批复的项目资金使用计划和预算，在项目管理办法制定后组织实施和管理。项目资金使用计划因特殊原因需要进行调整的，应当报财政部审核批准。

第十三条　上缴省级财政的彩票公益金，按照国务院批准的彩票公益金分配政策，坚持依照彩票发行宗旨使用，由省级财政部门商民政、体育行政等有关部门研究确定分配原则。

第十四条　省级以上民政、体育行政等有关部门、单位，申请使用彩票公益金时，应当向同级财政部门提交项目申报材料。项目申报材料应当包括以下内容：

（一）项目申报书；

（二）项目可行性研究报告；

（三）项目实施方案；

（四）同级财政部门要求报送的其他材料。

**第十五条** 彩票公益金项目资金使用计划和预算批准后，应当严格执行，不得擅自调整。因特殊原因形成的项目结余资金，经财政部门批准后可以结转下一年度继续使用。

**第十六条** 彩票公益金资金支付按照财政国库管理制度有关规定执行。

**第十七条** 省级以上民政、体育行政等彩票公益金使用部门、单位，应当于每年3月底前向同级财政部门报送上一年度彩票公益金使用情况。具体包括：

（一）项目组织实施情况；

（二）项目资金使用和结余情况；

（三）项目社会效益和经济效益；

（四）同级财政部门要求报送的其他材料。

**第十八条** 省级以上民政、体育行政等彩票公益金使用部门、单位，应当建立彩票公益金支出绩效评价制度，将绩效评价结果作为安排彩票公益金预算的依据。

# 第四章　宣传公告

**第十九条** 彩票公益金资助的基本建设设施、设备或者社会公益活动等，应当以显著方式标明"彩票公益金资助—中国福利彩票和中国体育彩票"标识。

**第二十条** 省级财政部门应当于每年4月底前，向省级人民政府和财政部提交上一年度本行政区域内彩票公益金的筹集、分配和使用情况报告；每年6月底前，向社会公告上一年度本行政区域内彩票公益金的筹集、分配和使用情况。

财政部应当于每年 6 月底前，向国务院提交上年度全国彩票公益金的筹集、分配和使用情况报告；每年 8 月底前，向社会公告上一年度全国彩票公益金的筹集、分配和使用情况。

第二十一条　省级以上民政、体育行政等彩票公益金使用部门、单位，应当于每年 6 月底前，向社会公告上一年度本部门、单位彩票公益金的使用规模、资助项目、执行情况和实际效果等。

# 第五章　监督检查

第二十二条　彩票销售机构应当严格按照本办法的规定缴纳彩票公益金，不得拒缴、拖欠、截留、挤占、挪用彩票公益金。

第二十三条　彩票公益金的使用部门、单位，应当按照同级财政部门批准的项目资金使用计划和预算执行，不得挤占挪用彩票公益金，不得改变彩票公益金使用范围。

第二十四条　省级以上财政部门应当加强对彩票公益金筹集、分配、使用的监督检查，保证彩票公益金及时、足额上缴财政和专款专用。

第二十五条　违反本办法规定，拒缴、拖欠、截留、挤占、挪用彩票公益金，以及改变彩票公益金使用范围的，依照《财政违法行为处罚处分条例》（国务院令第 427 号）和《彩票管理条例》（国务院令第 554 号）等有关规定处理。

# 第六章　附　则

第二十六条　省级财政部门应当根据本办法规定，结合本地实际，制定本行政区域的彩票公益金使用管理办法，报财政部备案。

**第二十七条** 本办法自印发之日起施行。财政部 2007 年 12 月 25 日发布的《彩票公益金管理办法》（财综〔2007〕83 号）同时废止。

附件 1：上缴中央财政的彩票公益金申报表（略）

附件 2：上缴中央财政的彩票公益金统计报表（略）

附件 3：彩票公益金统计报表（略）

# 中华人民共和国慈善法

中华人民共和国主席令

第四十三号

《中华人民共和国慈善法》已由中华人民共和国第十二届全国人民代表大会第四次会议于 2016 年 3 月 16 日通过，现予公布，自 2016 年 9 月 1 日起施行。

中华人民共和国主席　习近平

2016 年 3 月 16 日

# 第一章　总　则

**第一条**　为了发展慈善事业，弘扬慈善文化，规范慈善活动，保护慈善组织、捐赠人、志愿者、受益人等慈善活动参与者的合法权益，促进社会进步，共享发展成果，制定本法。

**第二条**　自然人、法人和其他组织开展慈善活动以及与慈善有关的活动，适用本法。其他法律有特别规定的，依照其规定。

**第三条**　本法所称慈善活动，是指自然人、法人和其他组织以捐赠财产或者提供服务等方式，自愿开展的下列公益活动：

（一）扶贫、济困；

（二）扶老、救孤、恤病、助残、优抚；

（三）救助自然灾害、事故灾难和公共卫生事件等突发事件造成的损害；

（四）促进教育、科学、文化、卫生、体育等事业的发展；

（五）防治污染和其他公害，保护和改善生态环境；

（六）符合本法规定的其他公益活动。

第四条　开展慈善活动，应当遵循合法、自愿、诚信、非营利的原则，不得违背社会公德，不得危害国家安全、损害社会公共利益和他人合法权益。

第五条　国家鼓励和支持自然人、法人和其他组织践行社会主义核心价值观，弘扬中华民族传统美德，依法开展慈善活动。

第六条　国务院民政部门主管全国慈善工作，县级以上地方各级人民政府民政部门主管本行政区域内的慈善工作；县级以上人民政府有关部门依照本法和其他有关法律法规，在各自的职责范围内做好相关工作。

第七条　每年9月5日为"中华慈善日"。

# 第二章　慈善组织

第八条　本法所称慈善组织，是指依法成立、符合本法规定，以面向社会开展慈善活动为宗旨的非营利性组织。

慈善组织可以采取基金会、社会团体、社会服务机构等组织形式。

第九条　慈善组织应当符合下列条件：

（一）以开展慈善活动为宗旨；

（二）不以营利为目的；

（三）有自己的名称和住所；

（四）有组织章程；

（五）有必要的财产；

（六）有符合条件的组织机构和负责人；

（七）法律、行政法规规定的其他条件。

**第十条** 设立慈善组织，应当向县级以上人民政府民政部门申请登记，民政部门应当自受理申请之日起三十日内作出决定。符合本法规定条件的，准予登记并向社会公告；不符合本法规定条件的，不予登记并书面说明理由。

本法公布前已经设立的基金会、社会团体、社会服务机构等非营利性组织，可以向其登记的民政部门申请认定为慈善组织，民政部门应当自受理申请之日起二十日内作出决定。符合慈善组织条件的，予以认定并向社会公告；不符合慈善组织条件的，不予认定并书面说明理由。

有特殊情况需要延长登记或者认定期限的，报经国务院民政部门批准，可以适当延长，但延长的期限不得超过六十日。

**第十一条** 慈善组织的章程，应当符合法律法规的规定，并载明下列事项：

（一）名称和住所；

（二）组织形式；

（三）宗旨和活动范围；

（四）财产来源及构成；

（五）决策、执行机构的组成及职责；

（六）内部监督机制；

（七）财产管理使用制度；

（八）项目管理制度；

（九）终止情形及终止后的清算办法；

（十）其他重要事项。

**第十二条** 慈善组织应当根据法律法规以及章程的规定，建立健全内部治理结构，明确决策、执行、监督等方面的职责权限，开展慈善活动。

慈善组织应当执行国家统一的会计制度，依法进行会计核算，建立健全会计监督制度，并接受政府有关部门的监督管理。

**第十三条** 慈善组织应当每年向其登记的民政部门报送年度工作报告和财务会计报告。报告应当包括年度开展募捐和接受捐赠情况、慈善财产的管理使用情况、慈善项目实施情况以及慈善组织工作人员的工资福利情况。

**第十四条** 慈善组织的发起人、主要捐赠人以及管理人员，不得利用其关联关系损害慈善组织、受益人的利益和社会公共利益。

慈善组织的发起人、主要捐赠人以及管理人员与慈善组织发生交易行为的，不得参与慈善组织有关该交易行为的决策，有关交易情况应当向社会公开。

**第十五条** 慈善组织不得从事、资助危害国家安全和社会公共利益的活动，不得接受附加违反法律法规和违背社会公德条件的捐赠，不得对受益人附加违反法律法规和违背社会公德的条件。

**第十六条** 有下列情形之一的，不得担任慈善组织的负责人：

（一）无民事行为能力或者限制民事行为能力的；

（二）因故意犯罪被判处刑罚，自刑罚执行完毕之日起未逾五年的；

（三）在被吊销登记证书或者被取缔的组织担任负责人，自该组织被吊销登记证书或者被取缔之日起未逾五年的；

（四）法律、行政法规规定的其他情形。

**第十七条** 慈善组织有下列情形之一的，应当终止：

（一）出现章程规定的终止情形的；

（二）因分立、合并需要终止的；

（三）连续二年未从事慈善活动的；

（四）依法被撤销登记或者吊销登记证书的；

（五）法律、行政法规规定应当终止的其他情形。

**第十八条** 慈善组织终止，应当进行清算。

慈善组织的决策机构应当在本法第十七条规定的终止情形出现之日起三十日内成立清算组进行清算，并向社会公告。不成立清算组或者清算组不履行职责的，民政部门可以申请人民法院指定有关人员组成清算组进行清算。

慈善组织清算后的剩余财产，应当按照慈善组织章程的规定转给宗旨相同或者相近的慈善组织；章程未规定的，由民政部门主持转给宗旨相同或者相近的慈善组织，并向社会公告。

慈善组织清算结束后，应当向其登记的民政部门办理注销登记，并由民政部门向社会公告。

**第十九条** 慈善组织依法成立行业组织。

慈善行业组织应当反映行业诉求，推动行业交流，提高慈善行业公信力，促进慈善事业发展。

**第二十条** 慈善组织的组织形式、登记管理的具体办法由国务院制定。

# 第三章　慈善募捐

**第二十一条** 本法所称慈善募捐，是指慈善组织基于慈善宗旨募集财产的活动。

慈善募捐，包括面向社会公众的公开募捐和面向特定对象的定向募捐。

第二十二条 慈善组织开展公开募捐，应当取得公开募捐资格。依法登记满二年的慈善组织，可以向其登记的民政部门申请公开募捐资格。民政部门应当自受理申请之日起二十日内作出决定。慈善组织符合内部治理结构健全、运作规范的条件的，发给公开募捐资格证书；不符合条件的，不发给公开募捐资格证书并书面说明理由。

法律、行政法规规定自登记之日起可以公开募捐的基金会和社会团体，由民政部门直接发给公开募捐资格证书。

第二十三条 开展公开募捐，可以采取下列方式：

（一）在公共场所设置募捐箱；

（二）举办面向社会公众的义演、义赛、义卖、义展、义拍、慈善晚会等；

（三）通过广播、电视、报刊、互联网等媒体发布募捐信息；

（四）其他公开募捐方式。

慈善组织采取前款第一项、第二项规定的方式开展公开募捐的，应当在其登记的民政部门管辖区域内进行，确有必要在其登记的民政部门管辖区域外进行的，应当报其开展募捐活动所在地的县级以上人民政府民政部门备案。捐赠人的捐赠行为不受地域限制。

慈善组织通过互联网开展公开募捐的，应当在国务院民政部门统一或者指定的慈善信息平台发布募捐信息，并可以同时在其网站发布募捐信息。

第二十四条 开展公开募捐，应当制定募捐方案。募捐方案包括募捐目的、起止时间和地域、活动负责人姓名和办公地址、接受捐赠方式、银行账户、受益人、募得款物用途、募捐成本、剩余财产的处理等。

募捐方案应当在开展募捐活动前报慈善组织登记的民政部门备案。

第二十五条　开展公开募捐，应当在募捐活动现场或者募捐活动载体的显著位置，公布募捐组织名称、公开募捐资格证书、募捐方案、联系方式、募捐信息查询方法等。

第二十六条　不具有公开募捐资格的组织或者个人基于慈善目的，可以与具有公开募捐资格的慈善组织合作，由该慈善组织开展公开募捐并管理募得款物。

第二十七条　广播、电视、报刊以及网络服务提供者、电信运营商，应当对利用其平台开展公开募捐的慈善组织的登记证书、公开募捐资格证书进行验证。

第二十八条　慈善组织自登记之日起可以开展定向募捐。

慈善组织开展定向募捐，应当在发起人、理事会成员和会员等特定对象的范围内进行，并向募捐对象说明募捐目的、募得款物用途等事项。

第二十九条　开展定向募捐，不得采取或者变相采取本法第二十三条规定的方式。

第三十条　发生重大自然灾害、事故灾难和公共卫生事件等突发事件，需要迅速开展救助时，有关人民政府应当建立协调机制，提供需求信息，及时有序引导开展募捐和救助活动。

第三十一条　开展募捐活动，应当尊重和维护募捐对象的合法权益，保障募捐对象的知情权，不得通过虚构事实等方式欺骗、诱导募捐对象实施捐赠。

第三十二条　开展募捐活动，不得摊派或者变相摊派，不得妨碍公共秩序、企业生产经营和居民生活。

第三十三条　禁止任何组织或者个人假借慈善名义或者假冒慈善组织开展募捐活动，骗取财产。

# 第四章 慈善捐赠

**第三十四条** 本法所称慈善捐赠，是指自然人、法人和其他组织基于慈善目的，自愿、无偿赠与财产的活动。

**第三十五条** 捐赠人可以通过慈善组织捐赠，也可以直接向受益人捐赠。

**第三十六条** 捐赠人捐赠的财产应当是其有权处分的合法财产。捐赠财产包括货币、实物、房屋、有价证券、股权、知识产权等有形和无形财产。

捐赠人捐赠的实物应当具有使用价值，符合安全、卫生、环保等标准。

捐赠人捐赠本企业产品的，应当依法承担产品质量责任和义务。

**第三十七条** 自然人、法人和其他组织开展演出、比赛、销售、拍卖等经营性活动，承诺将全部或者部分所得用于慈善目的的，应当在举办活动前与慈善组织或者其他接受捐赠的人签订捐赠协议，活动结束后按照捐赠协议履行捐赠义务，并将捐赠情况向社会公开。

**第三十八条** 慈善组织接受捐赠，应当向捐赠人开具由财政部门统一监（印）制的捐赠票据。捐赠票据应当载明捐赠人、捐赠财产的种类及数量、慈善组织名称和经办人姓名、票据日期等。捐赠人匿名或者放弃接受捐赠票据的，慈善组织应当做好相关记录。

**第三十九条** 慈善组织接受捐赠，捐赠人要求签订书面捐赠协议的，慈善组织应当与捐赠人签订书面捐赠协议。

书面捐赠协议包括捐赠人和慈善组织名称，捐赠财产的种类、数量、质量、用途、交付时间等内容。

第四十条　捐赠人与慈善组织约定捐赠财产的用途和受益人时，不得指定捐赠人的利害关系人作为受益人。

任何组织和个人不得利用慈善捐赠违反法律规定宣传烟草制品，不得利用慈善捐赠以任何方式宣传法律禁止宣传的产品和事项。

第四十一条　捐赠人应当按照捐赠协议履行捐赠义务。捐赠人违反捐赠协议逾期未交付捐赠财产，有下列情形之一的，慈善组织或者其他接受捐赠的人可以要求交付；捐赠人拒不交付的，慈善组织和其他接受捐赠的人可以依法向人民法院申请支付令或者提起诉讼：

（一）捐赠人通过广播、电视、报刊、互联网等媒体公开承诺捐赠的；

（二）捐赠财产用于本法第三条第一项至第三项规定的慈善活动，并签订书面捐赠协议的。

捐赠人公开承诺捐赠或者签订书面捐赠协议后经济状况显著恶化，严重影响其生产经营或者家庭生活的，经向公开承诺捐赠地或者书面捐赠协议签订地的民政部门报告并向社会公开说明情况后，可以不再履行捐赠义务。

第四十二条　捐赠人有权查询、复制其捐赠财产管理使用的有关资料，慈善组织应当及时主动向捐赠人反馈有关情况。

慈善组织违反捐赠协议约定的用途，滥用捐赠财产的，捐赠人有权要求其改正；拒不改正的，捐赠人可以向民政部门投诉、举报或者向人民法院提起诉讼。

第四十三条　国有企业实施慈善捐赠应当遵守有关国有资产管理的规定，履行批准和备案程序。

# 第五章　慈善信托

第四十四条　本法所称慈善信托属于公益信托，是指委托人基于慈善目的，依法将其财产委托给受托人，由受托人按照委托人意愿以受托人名义进行管理和处分，开展慈善活动的行为。

**第四十五条** 设立慈善信托、确定受托人和监察人，应当采取书面形式。受托人应当在慈善信托文件签订之日起七日内，将相关文件向受托人所在地县级以上人民政府民政部门备案。

未按照前款规定将相关文件报民政部门备案的，不享受税收优惠。

**第四十六条** 慈善信托的受托人，可以由委托人确定其信赖的慈善组织或者信托公司担任。

**第四十七条** 慈善信托的受托人违反信托义务或者难以履行职责的，委托人可以变更受托人。变更后的受托人应当自变更之日起七日内，将变更情况报原备案的民政部门重新备案。

**第四十八条** 慈善信托的受托人管理和处分信托财产，应当按照信托目的，恪尽职守，履行诚信、谨慎管理的义务。

慈善信托的受托人应当根据信托文件和委托人的要求，及时向委托人报告信托事务处理情况、信托财产管理使用情况。慈善信托的受托人应当每年至少一次将信托事务处理情况及财务状况向其备案的民政部门报告，并向社会公开。

**第四十九条** 慈善信托的委托人根据需要，可以确定信托监察人。

信托监察人对受托人的行为进行监督，依法维护委托人和受益人的权益。信托监察人发现受托人违反信托义务或者难以履行职责的，应当向委托人报告，并有权以自己的名义向人民法院提起诉讼。

**第五十条** 慈善信托的设立、信托财产的管理、信托当事人、信托的终止和清算等事项，本章未规定的，适用本法其他有关规定；本法未规定的，适用《中华人民共和国信托法》的有关规定。

# 第六章　慈善财产

**第五十一条**　慈善组织的财产包括：

（一）发起人捐赠、资助的创始财产；

（二）募集的财产；

（三）其他合法财产。

**第五十二条**　慈善组织的财产应当根据章程和捐赠协议的规定全部用于慈善目的，不得在发起人、捐赠人以及慈善组织成员中分配。

任何组织和个人不得私分、挪用、截留或者侵占慈善财产。

**第五十三条**　慈善组织对募集的财产，应当登记造册，严格管理，专款专用。

捐赠人捐赠的实物不易储存、运输或者难以直接用于慈善目的的，慈善组织可以依法拍卖或者变卖，所得收入扣除必要费用后，应当全部用于慈善目的。

**第五十四条**　慈善组织为实现财产保值、增值进行投资的，应当遵循合法、安全、有效的原则，投资取得的收益应当全部用于慈善目的。慈善组织的重大投资方案应当经决策机构组成人员三分之二以上同意。政府资助的财产和捐赠协议约定不得投资的财产，不得用于投资。慈善组织的负责人和工作人员不得在慈善组织投资的企业兼职或者领取报酬。

前款规定事项的具体办法，由国务院民政部门制定。

**第五十五条**　慈善组织开展慈善活动，应当依照法律法规和章程的规定，按照募捐方案或者捐赠协议使用捐赠财产。慈善组织确需变更募捐方案规定的捐赠财产用途的，应当报民政部门备案；确需变更捐赠协议约定的捐赠财产用途的，应当征得捐赠人同意。

第五十六条　慈善组织应当合理设计慈善项目，优化实施流程，降低运行成本，提高慈善财产使用效益。

慈善组织应当建立项目管理制度，对项目实施情况进行跟踪监督。

第五十七条　慈善项目终止后捐赠财产有剩余的，按照募捐方案或者捐赠协议处理；募捐方案未规定或者捐赠协议未约定的，慈善组织应当将剩余财产用于目的相同或者相近的其他慈善项目，并向社会公开。

第五十八条　慈善组织确定慈善受益人，应当坚持公开、公平、公正的原则，不得指定慈善组织管理人员的利害关系人作为受益人。

第五十九条　慈善组织根据需要可以与受益人签订协议，明确双方权利义务，约定慈善财产的用途、数额和使用方式等内容。

受益人应当珍惜慈善资助，按照协议使用慈善财产。受益人未按照协议使用慈善财产或者有其他严重违反协议情形的，慈善组织有权要求其改正；受益人拒不改正的，慈善组织有权解除协议并要求受益人返还财产。

第六十条　慈善组织应当积极开展慈善活动，充分、高效运用慈善财产，并遵循管理费用最必要原则，厉行节约，减少不必要的开支。慈善组织中具有公开募捐资格的基金会开展慈善活动的年度支出，不得低于上一年总收入的百分之七十或者前三年收入平均数额的百分之七十；年度管理费用不得超过当年总支出的百分之十，特殊情况下，年度管理费用难以符合前述规定的，应当报告其登记的民政部门并向社会公开说明情况。

具有公开募捐资格的基金会以外的慈善组织开展慈善活动的年度支出和管理费用的标准，由国务院民政部门会同国务院财政、税务等部门依照前款规定的原则制定。

捐赠协议对单项捐赠财产的慈善活动支出和管理费用有约定的，按照其约定。

# 第七章　慈善服务

**第六十一条**　本法所称慈善服务，是指慈善组织和其他组织以及个人基于慈善目的，向社会或者他人提供的志愿无偿服务以及其他非营利服务。

慈善组织开展慈善服务，可以自己提供或者招募志愿者提供，也可以委托有服务专长的其他组织提供。

**第六十二条**　开展慈善服务，应当尊重受益人、志愿者的人格尊严，不得侵害受益人、志愿者的隐私。

**第六十三条**　开展医疗康复、教育培训等慈善服务，需要专门技能的，应当执行国家或者行业组织制定的标准和规程。

慈善组织招募志愿者参与慈善服务，需要专门技能的，应当对志愿者开展相关培训。

**第六十四条**　慈善组织招募志愿者参与慈善服务，应当公示与慈善服务有关的全部信息，告知服务过程中可能发生的风险。

慈善组织根据需要可以与志愿者签订协议，明确双方权利义务，约定服务的内容、方式和时间等。

**第六十五条**　慈善组织应当对志愿者实名登记，记录志愿者的服务时间、内容、评价等信息。根据志愿者的要求，慈善组织应当无偿、如实出具志愿服务记录证明。

**第六十六条**　慈善组织安排志愿者参与慈善服务，应当与志愿者的年龄、文化程度、技能和身体状况相适应。

**第六十七条**　志愿者接受慈善组织安排参与慈善服务的，应当服从管理，接受必要的培训。

第六十八条　慈善组织应当为志愿者参与慈善服务提供必要条件，保障志愿者的合法权益。

慈善组织安排志愿者参与可能发生人身危险的慈善服务前，应当为志愿者购买相应的人身意外伤害保险。

# 第八章　信息公开

第六十九条　县级以上人民政府建立健全慈善信息统计和发布制度。

县级以上人民政府民政部门应当在统一的信息平台，及时向社会公开慈善信息，并免费提供慈善信息发布服务。

慈善组织和慈善信托的受托人应当在前款规定的平台发布慈善信息，并对信息的真实性负责。

第七十条　县级以上人民政府民政部门和其他有关部门应当及时向社会公开下列慈善信息：

（一）慈善组织登记事项；

（二）慈善信托备案事项；

（三）具有公开募捐资格的慈善组织名单；

（四）具有出具公益性捐赠税前扣除票据资格的慈善组织名单；

（五）对慈善活动的税收优惠、资助补贴等促进措施；

（六）向慈善组织购买服务的信息；

（七）对慈善组织、慈善信托开展检查、评估的结果；

（八）对慈善组织和其他组织以及个人的表彰、处罚结果；

（九）法律法规规定应当公开的其他信息。

第七十一条　慈善组织、慈善信托的受托人应当依法履行信息公开义务。信息公开应当真实、完整、及时。

第七十二条　慈善组织应当向社会公开组织章程和决策、执行、监督机构成员信息以及国务院民政部门要求公开的其他信息。上述信息有重大变更的，慈善组织应当及时向社会公开。

慈善组织应当每年向社会公开其年度工作报告和财务会计报告。具有公开募捐资格的慈善组织的财务会计报告须经审计。

**第七十三条** 具有公开募捐资格的慈善组织应当定期向社会公开其募捐情况和慈善项目实施情况。

公开募捐周期超过六个月的，至少每三个月公开一次募捐情况，公开募捐活动结束后三个月内应当全面公开募捐情况。

慈善项目实施周期超过六个月的，至少每三个月公开一次项目实施情况，项目结束后三个月内应当全面公开项目实施情况和募得款物使用情况。

**第七十四条** 慈善组织开展定向募捐的，应当及时向捐赠人告知募捐情况、募得款物的管理使用情况。

**第七十五条** 慈善组织、慈善信托的受托人应当向受益人告知其资助标准、工作流程和工作规范等信息。

**第七十六条** 涉及国家秘密、商业秘密、个人隐私的信息以及捐赠人、慈善信托的委托人不同意公开的姓名、名称、住所、通讯方式等信息，不得公开。

# 第九章 促进措施

**第七十七条** 县级以上人民政府应当根据经济社会发展情况，制定促进慈善事业发展的政策和措施。

县级以上人民政府有关部门应当在各自职责范围内，向慈善组织、慈善信托受托人等提供慈善需求信息，为慈善活动提供指导和帮助。

**第七十八条** 县级以上人民政府民政部门应当建立与其他部门

之间的慈善信息共享机制。

**第七十九条** 慈善组织及其取得的收入依法享受税收优惠。

**第八十条** 自然人、法人和其他组织捐赠财产用于慈善活动的，依法享受税收优惠。企业慈善捐赠支出超过法律规定的准予在计算企业所得税应纳税所得额时当年扣除的部分，允许结转以后三年内在计算应纳税所得额时扣除。

境外捐赠用于慈善活动的物资，依法减征或者免征进口关税和进口环节增值税。

**第八十一条** 受益人接受慈善捐赠，依法享受税收优惠。

**第八十二条** 慈善组织、捐赠人、受益人依法享受税收优惠的，有关部门应当及时办理相关手续。

**第八十三条** 捐赠人向慈善组织捐赠实物、有价证券、股权和知识产权的，依法免征权利转让的相关行政事业性费用。

**第八十四条** 国家对开展扶贫济困的慈善活动，实行特殊的优惠政策。

**第八十五条** 慈善组织开展本法第三条第一项、第二项规定的慈善活动需要慈善服务设施用地的，可以依法申请使用国有划拨土地或者农村集体建设用地。慈善服务设施用地非经法定程序不得改变用途。

**第八十六条** 国家为慈善事业提供金融政策支持，鼓励金融机构为慈善组织、慈善信托提供融资和结算等金融服务。

**第八十七条** 各级人民政府及其有关部门可以依法通过购买服务等方式，支持符合条件的慈善组织向社会提供服务，并依照有关政府采购的法律法规向社会公开相关情况。

**第八十八条** 国家采取措施弘扬慈善文化，培育公民慈善意识。

学校等教育机构应当将慈善文化纳入教育教学内容。国家鼓励高等学校培养慈善专业人才，支持高等学校和科研机构开展慈善理论研究。

广播、电视、报刊、互联网等媒体应当积极开展慈善公益宣传活动，普及慈善知识，传播慈善文化。

**第八十九条** 国家鼓励企业事业单位和其他组织为开展慈善活动提供场所和其他便利条件。

**第九十条** 经受益人同意，捐赠人对其捐赠的慈善项目可以冠名纪念，法律法规规定需要批准的，从其规定。

**第九十一条** 国家建立慈善表彰制度，对在慈善事业发展中做出突出贡献的自然人、法人和其他组织，由县级以上人民政府或者有关部门予以表彰。

# 第十章 监督管理

**第九十二条** 县级以上人民政府民政部门应当依法履行职责，对慈善活动进行监督检查，对慈善行业组织进行指导。

**第九十三条** 县级以上人民政府民政部门对涉嫌违反本法规定的慈善组织，有权采取下列措施：

（一）对慈善组织的住所和慈善活动发生地进行现场检查；

（二）要求慈善组织作出说明，查阅、复制有关资料；

（三）向与慈善活动有关的单位和个人调查与监督管理有关的情况；

（四）经本级人民政府批准，可以查询慈善组织的金融账户；

（五）法律、行政法规规定的其他措施。

**第九十四条** 县级以上人民政府民政部门对慈善组织、有关单位和个人进行检查或者调查时，检查人员或者调查人员不得少于二人，并应当出示合法证件和检查、调查通知书。

第九十五条　县级以上人民政府民政部门应当建立慈善组织及其负责人信用记录制度，并向社会公布。

民政部门应当建立慈善组织评估制度，鼓励和支持第三方机构对慈善组织进行评估，并向社会公布评估结果。

第九十六条　慈善行业组织应当建立健全行业规范，加强行业自律。

第九十七条　任何单位和个人发现慈善组织、慈善信托有违法行为的，可以向民政部门、其他有关部门或者慈善行业组织投诉、举报。民政部门、其他有关部门或者慈善行业组织接到投诉、举报后，应当及时调查处理。

国家鼓励公众、媒体对慈善活动进行监督，对假借慈善名义或者假冒慈善组织骗取财产以及慈善组织、慈善信托的违法违规行为予以曝光，发挥舆论和社会监督作用。

# 第十一章　法律责任

第九十八条　慈善组织有下列情形之一的，由民政部门责令限期改正；逾期不改正的，吊销登记证书并予以公告：

（一）未按照慈善宗旨开展活动的；

（二）私分、挪用、截留或者侵占慈善财产的；

（三）接受附加违反法律法规或者违背社会公德条件的捐赠，或者对受益人附加违反法律法规或者违背社会公德的条件的。

第九十九条　慈善组织有下列情形之一的，由民政部门予以警告、责令限期改正；逾期不改正的，责令限期停止活动并进行整改：

（一）违反本法第十四条规定造成慈善财产损失的；

（二）将不得用于投资的财产用于投资的；

（三）擅自改变捐赠财产用途的；

（四）开展慈善活动的年度支出或者管理费用的标准违反本法第六十条规定的；

（五）未依法履行信息公开义务的；

（六）未依法报送年度工作报告、财务会计报告或者报备募捐方案的；

（七）泄露捐赠人、志愿者、受益人个人隐私以及捐赠人、慈善信托的委托人不同意公开的姓名、名称、住所、通讯方式等信息的。

慈善组织违反本法规定泄露国家秘密、商业秘密的，依照有关法律的规定予以处罚。

慈善组织有前两款规定的情形，经依法处理后一年内再出现前款规定的情形，或者有其他情节严重情形的，由民政部门吊销登记证书并予以公告。

**第一百条**　慈善组织有本法第九十八条、第九十九条规定的情形，有违法所得的，由民政部门予以没收；对直接负责的主管人员和其他直接责任人员处二万元以上二十万元以下罚款。

**第一百零一条**　开展募捐活动有下列情形之一的，由民政部门予以警告、责令停止募捐活动；对违法募集的财产，责令退还捐赠人；难以退还的，由民政部门予以收缴，转给其他慈善组织用于慈善目的；对有关组织或者个人处二万元以上二十万元以下罚款：

（一）不具有公开募捐资格的组织或者个人开展公开募捐的；

（二）通过虚构事实等方式欺骗、诱导募捐对象实施捐赠的；

（三）向单位或者个人摊派或者变相摊派的；

（四）妨碍公共秩序、企业生产经营或者居民生活的。

广播、电视、报刊以及网络服务提供者、电信运营商未履行本法第二十七条规定的验证义务的，由其主管部门予以警告，责令限期改正；逾期不改正的，予以通报批评。

**第一百零二条** 慈善组织不依法向捐赠人开具捐赠票据、不依法向志愿者出具志愿服务记录证明或者不及时主动向捐赠人反馈有关情况的，由民政部门予以警告，责令限期改正；逾期不改正的，责令限期停止活动。

**第一百零三条** 慈善组织弄虚作假骗取税收优惠的，由税务机关依法查处；情节严重的，由民政部门吊销登记证书并予以公告。

**第一百零四条** 慈善组织从事、资助危害国家安全或者社会公共利益活动的，由有关机关依法查处，由民政部门吊销登记证书并予以公告。

**第一百零五条** 慈善信托的受托人有下列情形之一的，由民政部门予以警告，责令限期改正；有违法所得的，由民政部门予以没收；对直接负责的主管人员和其他直接责任人员处二万元以上二十万元以下罚款：

（一）将信托财产及其收益用于非慈善目的的；

（二）未按照规定将信托事务处理情况及财务状况向民政部门报告或者向社会公开的。

**第一百零六条** 慈善服务过程中，因慈善组织或者志愿者过错造成受益人、第三人损害的，慈善组织依法承担赔偿责任；损害是由志愿者故意或者重大过失造成的，慈善组织可以向其追偿。

志愿者在参与慈善服务过程中，因慈善组织过错受到损害的，慈善组织依法承担赔偿责任；损害是由不可抗力造成的，慈善组织应当给予适当补偿。

**第一百零七条** 自然人、法人或者其他组织假借慈善名义或者假冒慈善组织骗取财产的，由公安机关依法查处。

**第一百零八条** 县级以上人民政府民政部门和其他有关部门及其工作人员有下列情形之一的，由上级机关或者监察机关责令改正；依法应当给予处分的，由任免机关或者监察机关对直接负责的主管人员和其他直接责任人员给予处分：

（一）未依法履行信息公开义务的；

（二）摊派或者变相摊派捐赠任务，强行指定志愿者、慈善组织提供服务的；

（三）未依法履行监督管理职责的；

（四）违法实施行政强制措施和行政处罚的；

（五）私分、挪用、截留或者侵占慈善财产的；

（六）其他滥用职权、玩忽职守、徇私舞弊的行为。

**第一百零九条** 违反本法规定，构成违反治安管理行为的，由公安机关依法给予治安管理处罚；构成犯罪的，依法追究刑事责任。

# 第十二章　附　则

**第一百一十条** 城乡社区组织、单位可以在本社区、单位内部开展群众性互助互济活动。

**第一百一十一条** 慈善组织以外的其他组织可以开展力所能及的慈善活动。

**第一百一十二条** 本法自 2016 年 9 月 1 日起施行。

# 附 录

## 慈善组织认定办法

### 中华人民共和国民政部令
### 第 58 号

《慈善组织认定办法》已经 2016 年 8 月 29 日民政部部务会议通过，现予以公布，自 2016 年 9 月 1 日起施行。

民政部部长
2016 年 8 月 31 日

**第一条** 为了规范慈善组织认定工作，根据《中华人民共和国慈善法》（以下简称《慈善法》）的规定，制定本办法。

**第二条** 《慈善法》公布前已经设立的基金会、社会团体、社会服务机构等非营利性组织，申请认定为慈善组织，适用本办法。

**第三条** 县级以上人民政府民政部门对其登记的基金会、社会团体、社会服务机构进行慈善组织认定。

**第四条** 基金会、社会团体、社会服务机构申请认定为慈善组织，应当符合下列条件：

（一）申请时具备相应的社会组织法人登记条件；

（二）以开展慈善活动为宗旨，业务范围符合《慈善法》第三条的规定；申请时的上一年度慈善活动的年度支出和管理费用符合国务院民政部门关于慈善组织的规定；

（三）不以营利为目的，收益和营运结余全部用于章程规定的慈善目的；财产及其孳息没有在发起人、捐赠人或者本组织成员中分配；章程中有关于剩余财产转给目的相同或者相近的其他慈善组织的规定；

（四）有健全的财务制度和合理的薪酬制度；

（五）法律、行政法规规定的其他条件。

**第五条**　有下列情形之一的，不予认定为慈善组织：

（一）有法律法规和国家政策规定的不得担任慈善组织负责人的情形的；

（二）申请前二年内受过行政处罚的；

（三）申请时被民政部门列入异常名录的；

（四）有其他违反法律、法规、国家政策行为的。

**第六条**　申请认定为慈善组织，社会团体应当经会员（代表）大会表决通过，基金会、社会服务机构应当经理事会表决通过；有业务主管单位的，还应当经业务主管单位同意。

**第七条**　申请认定慈善组织的基金会，应当向民政部门提交下列材料：

（一）申请书；

（二）符合本办法第四条规定以及不存在第五条所列情形的书面承诺；

（三）按照本办法第六条规定召开会议形成的会议纪要。

申请认定为慈善组织的社会团体、社会服务机构，除前款规定的材料外，还应当向民政部门提交下列材料：

（一）关于申请理由、慈善宗旨、开展慈善活动等情况的说明；

（二）注册会计师出具的上一年度财务审计报告，含慈善活动年度支出和管理费用的专项审计。

有业务主管单位的，还应当提交业务主管单位同意的证明材料。

**第八条** 民政部门自收到全部有效材料后，应当依法进行审核。

情况复杂的，民政部门可以征求有关部门意见或者通过论证会、听证会等形式听取意见，也可以根据需要对该组织进行实地考察。

**第九条** 民政部门应当自受理申请之日起二十日内作出决定。符合慈善组织条件的，予以认定并向社会公告；不符合慈善组织条件的，不予认定并书面说明理由。

**第十条** 认定为慈善组织的基金会、社会团体、社会服务机构，由民政部门换发登记证书，标明慈善组织属性。

慈善组织符合税收法律法规规定条件的，依照税法规定享受税收优惠。

**第十一条** 基金会、社会团体、社会服务机构在申请时弄虚作假的，由民政部门撤销慈善组织的认定，将该组织及直接责任人纳入信用记录，并向社会公布。

对出具虚假审计报告的注册会计师及其所属的会计师事务所，由民政部门通报有关部门。

**第十二条** 本办法由民政部负责解释。

**第十三条** 本办法自 2016 年 9 月 1 日起施行。

# 慈善组织公开募捐管理办法

中华人民共和国民政部令

第 59 号

《慈善组织公开募捐管理办法》已经 2016 年 8 月 29 日民政部部务会议通过，现予以公布，自 2016 年 9 月 1 日起施行。

民政部部长

2016 年 8 月 31 日

第一条 为了规范慈善组织开展公开募捐，根据《中华人民共和国慈善法》（以下简称《慈善法》），制定本办法。

第二条 慈善组织公开募捐资格和公开募捐活动管理，适用本办法。

第三条 依法取得公开募捐资格的慈善组织可以面向公众开展募捐。不具有公开募捐资格的组织和个人不得开展公开募捐。

第四条 县级以上人民政府民政部门依法对其登记的慈善组织公开募捐资格和公开募捐活动进行监督管理，并对本行政区域内涉及公开募捐的有关活动进行监督管理。

第五条 依法登记或者认定为慈善组织满二年的社会组织，申请公开募捐资格，应当符合下列条件：

（一）根据法律法规和本组织章程建立规范的内部治理结构，理事会能够有效决策，负责人任职符合有关规定，理事会成员和负责人勤勉尽职，诚实守信；

（二）理事会成员来自同一组织以及相互间存在关联关系组织的不超过三分之一，相互间具有近亲属关系的没有同时在理事会任职；

（三）理事会成员中非内地居民不超过三分之一，法定代表人由内地居民担任；

（四）秘书长为专职，理事长（会长）、秘书长不得由同一人兼任，有与本慈善组织开展活动相适应的专职工作人员；

（五）在省级以上人民政府民政部门登记的慈善组织有三名以上监事组成的监事会；

（六）依法办理税务登记，履行纳税义务；

（七）按照规定参加社会组织评估，评估结果为 3A 及以上；

（八）申请时未纳入异常名录；

（九）申请公开募捐资格前二年，未因违反社会组织相关法律法规受到行政处罚，没有其他违反法律、法规、国家政策行为的。

《慈善法》公布前设立的非公募基金会、具有公益性捐赠税前扣除资格的社会团体，登记满二年，经认定为慈善组织的，可以申请公开募捐资格。

第六条　慈善组织申请公开募捐资格，应当向其登记的民政部门提交下列材料：

（一）申请书，包括本组织符合第五条各项条件的具体说明和书面承诺；

（二）注册会计师出具的申请前二年的财务审计报告，包括年度慈善活动支出和年度管理费用的专项审计；

（三）理事会关于申请公开募捐资格的会议纪要。

有业务主管单位的慈善组织，还应当提交经业务主管单位同意的证明材料。

评估等级在4A及以上的慈善组织免于提交第一款第二项、第三项规定的材料。

**第七条** 民政部门收到全部有效材料后，应当依法进行审核。

情况复杂的，民政部门可以征求有关部门意见或者通过论证会、听证会等形式听取意见，也可以根据需要对该组织进行实地考察。

**第八条** 民政部门应当自受理之日起二十日内作出决定。对符合条件的慈善组织，发给公开募捐资格证书；对不符合条件的，不发给公开募捐资格证书并书面说明理由。

**第九条** 《慈善法》公布前登记设立的公募基金会，凭其标明慈善组织属性的登记证书向登记的民政部门申领公开募捐资格证书。

**第十条** 开展公开募捐活动，应当依法制定募捐方案。募捐方案包括募捐目的、起止时间和地域、活动负责人姓名和办公地址、接受捐赠方式、银行账户、受益人、募得款物用途、募捐成本、剩余财产的处理等。

**第十一条** 慈善组织应当在开展公开募捐活动的十日前将募捐方案报送登记的民政部门备案。材料齐备的，民政部门应当即时受理，对予以备案的向社会公开；对募捐方案内容不齐备的，应当即时告知慈善组织，慈善组织应当在十日内向其登记的民政部门予以补正。

为同一募捐目的开展的公开募捐活动可以合并备案。公开募捐活动进行中，募捐方案的有关事项发生变化的，慈善组织应当在事项发生变化之日起十日内向其登记的民政部门补正并说明理由。

有业务主管单位的慈善组织，还应当同时将募捐方案报送业务主管单位。

开展公开募捐活动，涉及公共安全、公共秩序、消防等事项的，还应当按照其他有关规定履行批准程序。

**第十二条** 慈善组织为应对重大自然灾害、事故灾难和公共卫生事件等突发事件，无法在开展公开募捐活动前办理募捐方案备案的，应当在公开募捐活动开始后十日内补办备案手续。

**第十三条** 慈善组织在其登记的民政部门管辖区域外，以《慈善法》第二十三条第一款第一项、第二项方式开展公开募捐活动的，除向其登记的民政部门备案外，还应当在开展公开募捐活动十日前，向其开展募捐活动所在地的县级人民政府民政部门备案，提交募捐方案、公开募捐资格证书复印件、确有必要在当地开展公开募捐活动的情况说明。

**第十四条** 慈善组织开展公开募捐活动应当按照本组织章程载明的宗旨和业务范围，确定明确的募捐目的和捐赠财产使用计划；应当履行必要的内部决策程序；应当使用本组织账户，不得使用个人和其他组织的账户；应当建立公开募捐信息档案，妥善保管、方便查阅。

**第十五条** 慈善组织开展公开募捐活动，应当在募捐活动现场或者募捐活动载体的显著位置，公布本组织名称、公开募捐资格证书、募捐方案、联系方式、募捐信息查询方法等。

**第十六条** 慈善组织通过互联网开展公开募捐活动的，应当在民政部统一或者指定的慈善信息平台发布公开募捐信息，并可以同时在以本慈善组织名义开通的门户网站、官方微博、官方微信、移动客户端等网络平台发布公开募捐信息。

**第十七条** 具有公开募捐资格的慈善组织与不具有公开募捐资格的组织或者个人合作开展公开募捐活动，应当依法签订书面协议，使用具有公开募捐资格的慈善组织名义开展公开募捐活动；募捐活动的全部收支应当纳入该慈善组织的账户，由该慈善组织统一进行财务核算和管理，并承担法律责任。

第十八条　慈善组织为急难救助设立慈善项目，开展公开募捐活动时，应当坚持公开、公平、公正的原则，合理确定救助标准，监督受益人珍惜慈善资助，按照募捐方案的规定合理使用捐赠财产。

第十九条　慈善组织应当加强对募得捐赠财产的管理，依据法律法规、章程规定和募捐方案使用捐赠财产。确需变更募捐方案规定的捐赠财产用途的，应当召开理事会进行审议，报其登记的民政部门备案，并向社会公开。

第二十条　慈善组织应当依照有关规定定期将公开募捐情况和慈善项目实施情况向社会公开。

第二十一条　具有公开募捐资格的慈善组织有下列情形之一的，由登记的民政部门纳入活动异常名录并向社会公告：

（一）不符合本办法第五条规定条件的；

（二）连续六个月不开展公开募捐活动的。

第二十二条　慈善组织被依法撤销公开募捐资格的，应当立即停止公开募捐活动并将相关情况向社会公开。

出现前款规定情形的，民政部门应当及时向社会公告。

第二十三条　慈善组织有下列情形之一的，民政部门可以给予警告、责令限期改正：

（一）伪造、变造、出租、出借公开募捐资格证书的；

（二）未依照本办法进行备案的；

（三）未按照募捐方案确定的时间、期限、地域范围、方式进行募捐的；

（四）开展公开募捐未在募捐活动现场或者募捐活动载体的显著位置公布募捐活动信息的；

（五）开展公开募捐取得的捐赠财产未纳入慈善组织统一核算

和账户管理的;

（六）其他违反本办法情形的。

**第二十四条** 公开募捐资格证书、公开募捐方案范本等格式文本，由民政部统一制定。

**第二十五条** 本办法由民政部负责解释。

**第二十六条** 本办法自 2016 年 9 月 1 日起施行。

# 慈善信托管理办法

银监发〔2017〕37号

(2017年7月26日银监会、民政部联合印发)

## 第一章 总 则

**第一条** 为规范慈善信托,保护慈善信托当事人的合法权益,促进慈善事业发展,根据《中华人民共和国慈善法》(简称《慈善法》)、《中华人民共和国信托法》(简称《信托法》)、《中华人民共和国银行业监督管理法》(简称《银行业监督管理法》)等法律法规,制定本办法。

**第二条** 本办法所称慈善信托属于公益信托,是指委托人基于慈善目的,依法将其财产委托给受托人,由受托人按照委托人意愿以受托人名义进行管理和处分,开展慈善活动的行为。

**第三条** 开展慈善信托,应当遵循合法、自愿、诚信的原则,不得违背社会公德、危害国家安全、损害社会公共利益和他人合法权益。

**第四条** 国家鼓励发展慈善信托,支持自然人、法人和其他组织践行社会主义核心价值观,弘扬中华民族传统美德,依法开展慈善活动。

**第五条** 慈善信托的委托人、受托人、受益人以及监察人在中华人民共和国境内开展慈善信托,适用本办法。

**第六条** 国务院银行业监督管理机构及其派出机构、国务院民政部门及县级以上地方各级人民政府民政部门根据各自法定职责对慈善信托实施监督管理。

## 第二章　慈善信托的设立

**第七条**　设立慈善信托，必须有合法的慈善信托目的。

以开展下列慈善活动为目的而设立的信托，属于慈善信托：

（一）扶贫、济困；

（二）扶老、救孤、恤病、助残、优抚；

（三）救助自然灾害、事故灾难和公共卫生事件等突发事件造成的损害；

（四）促进教育、科学、文化、卫生、体育等事业的发展；

（五）防治污染和其他公害，保护和改善生态环境；

（六）符合《慈善法》规定的其他公益活动。

**第八条**　慈善信托的委托人应当是具有完全民事行为能力的自然人、法人或者依法成立的其他组织。

**第九条**　慈善信托的受托人可以由委托人确定其信赖的慈善组织或者信托公司担任。

**第十条**　慈善信托的委托人不得指定或者变相指定与委托人或受托人具有利害关系的人作为受益人。

**第十一条**　慈善信托的委托人根据需要，可以确定监察人。

监察人对受托人的行为进行监督，依法维护委托人和受益人的权益。监察人发现受托人违反信托义务或者难以履行职责的，应当向委托人报告，并有权以自己的名义向人民法院提起诉讼。

**第十二条**　设立慈善信托，必须有确定的信托财产，并且该信托财产必须是委托人合法所有的财产。

前款所称财产包括合法的财产权利。

**第十三条**　设立慈善信托、确定受托人和监察人，应当采取书面形式。

书面形式包括信托合同、遗嘱或者法律、行政法规规定的其他书面文件等。

**第十四条** 慈善信托文件应当载明下列事项：

（一）慈善信托名称；

（二）慈善信托目的；

（三）委托人、受托人的姓名或者名称、住所，如设置监察人，监察人的姓名或者名称、住所；

（四）受益人范围及选定的程序和方法；

（五）信托财产的范围、种类、状况和管理方法；

（六）年度慈善支出的比例或数额；

（七）信息披露的内容和方式；

（八）受益人取得信托利益的形式和方法；

（九）信托报酬收取标准和方法。

除前款所列事项外，可以载明信托期限、新受托人的选任方式、信托终止事由、争议解决方式等事项。

## 第三章 慈善信托的备案

**第十五条** 受托人应当在慈善信托文件签订之日起 7 日内，将相关文件向受托人所在地县级以上人民政府民政部门备案。

未按照前款规定将相关文件报民政部门备案的，不享受税收优惠。

**第十六条** 信托公司担任受托人的，由其登记注册地设区市的民政部门履行备案职责；慈善组织担任受托人的，由准予其登记或予以认定的民政部门履行备案职责。

**第十七条** 同一慈善信托有两个或两个以上的受托人时，委托人应当确定其中一个承担主要受托管理责任的受托人按照本章规定进行备案。备案的民政部门应当将备案信息与其他受托人所在地的县级以上人民政府民政部门共享。

第十八条　慈善信托的受托人向民政部门申请备案时，应当提交以下书面材料：

（一）备案申请书；

（二）委托人身份证明（复印件）和关于信托财产合法性的声明；

（三）担任受托人的信托公司的金融许可证或慈善组织准予登记或予以认定的证明材料（复印件）；

（四）信托文件；

（五）开立慈善信托专用资金账户证明、商业银行资金保管协议，非资金信托除外；

（六）信托财产交付的证明材料（复印件）；

（七）其他材料。

以上材料一式四份，由受托人提交履行备案职责的民政部门指定的受理窗口。

第十九条　备案后，发生第三十八条规定的部分变更事项时，慈善信托的受托人应当在变更之日起 7 日内按照第十八条的规定向原备案的民政部门申请备案，并提交发生变更的相关书面材料。

如当月发生两起或两起以上变更事项的，可以在下月 10 日前一并申请备案。

第二十条　慈善信托的受托人违反信托义务或者难以履行职责的，委托人可以变更受托人。变更后的受托人应当在变更之日起 7 日内，将变更情况报原备案的民政部门重新备案。

申请重新备案时，应当提交以下书面材料：

（一）原备案的信托文件和备案回执；

（二）重新备案申请书；

（三）原受托人出具的慈善信托财产管理处分情况报告；

（四）作为变更后受托人的信托公司的金融许可证或慈善组织

准予登记或予以认定的证明材料（复印件）；

（五）重新签订的信托合同等信托文件；

（六）开立慈善信托专用资金账户证明、商业银行资金保管协议，非资金信托除外；

（七）其他材料。

以上书面材料一式四份，由变更后的受托人提交原备案的民政部门受理窗口。

**第二十一条** 慈善信托备案申请符合《慈善法》、《信托法》和本办法规定的，民政部门应当在收到备案申请材料之日起 7 日内出具备案回执；不符合规定的，应当在收到备案申请材料之日起 7 日内一次性书面告知理由和需要补正的相关材料。

**第二十二条** 信托公司新设立的慈善信托项目应当按照监管要求及时履行报告或产品登记义务。

## 第四章　慈善信托财产的管理和处分

**第二十三条** 慈善信托财产及其收益，应当全部用于慈善目的。

**第二十四条** 受托人管理和处分慈善信托财产，应当按照慈善信托目的，恪尽职守，履行诚信、谨慎管理的义务。

**第二十五条** 受托人除依法取得信托报酬外，不得利用慈善信托财产为自己谋取利益。

**第二十六条** 慈善信托财产与受托人固有财产相区别，受托人不得将慈善信托财产转为其固有财产。

任何组织和个人不得私分、挪用、截留或者侵占慈善信托财产。

**第二十七条** 受托人必须将慈善信托财产与其固有财产分别管理、分别记账，并将不同慈善信托的财产分别管理、分别记账。

第二十八条 对于资金信托，应当委托商业银行担任保管人，并且依法开立慈善信托资金专户；对于非资金信托，当事人可以委托第三方进行保管。

第二十九条 受托人应当自己处理慈善信托事务，但信托文件另有规定或者有不得已事由的，可以委托他人代为处理。

受托人依法将慈善信托事务委托他人代理的，应当对他人处理慈善信托事务的行为承担责任。

受托人因依法将慈善信托事务委托他人代理而向他人支付的报酬，在其信托报酬中列支。

第三十条 慈善信托财产运用应当遵循合法、安全、有效的原则，可以运用于银行存款、政府债券、中央银行票据、金融债券和货币市场基金等低风险资产，但委托人和信托公司另有约定的除外。

第三十一条 受托人不得将其固有财产与慈善信托财产进行交易或者将不同委托人的信托财产进行相互交易，但信托文件另有规定或者经委托人同意，并以公平的市场价格进行交易的除外。

第三十二条 委托人、受托人及其管理人员不得利用其关联关系，损害慈善信托利益和社会公共利益，有关交易情况应当向社会公开。

第三十三条 受托人应当根据信托文件和委托人的要求，及时向委托人报告慈善信托事务处理情况、信托财产管理使用情况。

第三十四条 慈善信托的受托人应严格按照有关规定管理和处分慈善信托财产，不得借慈善信托名义从事非法集资、洗钱等活动。

第三十五条 受托人应当妥善保存管理慈善信托事务的全部资料，保存期自信托终止之日起不少于十五年。

第三十六条 受托人违反法律、行政法规和信托文件的规定，造成慈善信托财产损失的，应当以其固有财产承担相应的赔偿责任。

## 第五章　慈善信托的变更和终止

**第三十七条**　慈善信托的受托人违反信托文件义务或者出现依法解散、法定资格丧失、被依法撤销、被宣告破产或者其他难以履行职责的情形时，委托人可以变更受托人。

**第三十八条**　根据信托文件约定或者经原委托人同意，可以变更以下事项：

（一）增加新的委托人；

（二）增加信托财产；

（三）变更信托受益人范围及选定的程序和方法；

（四）国务院民政部门和国务院银行业监督管理机构规定的其他情形。

**第三十九条**　慈善信托的受托人不得自行辞任，信托文件另有规定的除外。

**第四十条**　有下列情形之一的，慈善信托终止：

（一）信托文件规定的终止事由出现；

（二）信托的存续违反信托目的；

（三）信托目的已经实现或者不能实现；

（四）信托当事人协商同意；

（五）信托被撤销；

（六）信托被解除。

**第四十一条**　自慈善信托终止事由发生之日起 15 日内，受托人应当将终止事由、日期、剩余信托财产处分方案和有关情况报告备案的民政部门。

**第四十二条**　慈善信托终止的，受托人应当在 30 日内作出处理慈善信托事务的清算报告，向备案的民政部门报告后，由受托人予以公告。

慈善信托若设置信托监察人，清算报告应事先经监察人认可。

第四十三条　慈善信托终止，没有信托财产权利归属人或者信托财产权利归属人是不特定的社会公众，经备案的民政部门批准，受托人应当将信托财产用于与原慈善目的相近似的目的，或者将信托财产转移给具有近似目的的其他慈善信托或者慈善组织。

## 第六章　促进措施

第四十四条　慈善信托的委托人、受托人和受益人按照国家有关规定享受税收优惠。

第四十五条　信托公司开展慈善信托业务免计风险资本，免予认购信托业保障基金。

第四十六条　鼓励地方各级人民政府根据经济社会发展情况，制定和出台促进慈善信托事业发展的政策和措施。

## 第七章　监督管理和信息公开

第四十七条　银行业监督管理机构负责信托公司慈善信托业务和商业银行慈善信托账户资金保管业务的监督管理工作。县级以上人民政府民政部门负责慈善信托备案和相关监督管理工作。

第四十八条　民政部门和银行业监督管理机构应当建立经常性的监管协作机制，加强事中、事后监管，切实提高监管有效性。

第四十九条　民政部门和银行业监督管理机构根据各自法定管理职责，对慈善信托的受托人应当履行的受托职责、管理慈善信托财产及其收益的情况、履行信息公开和告知义务以及其他与慈善信托相关的活动进行监督检查。

第五十条　民政部门和银行业监督管理机构根据各自法定管理

职责，联合或委托第三方机构对慈善信托的规范管理、慈善目的的实现和慈善信托财产的运用效益等进行评估。

第五十一条　民政部门和银行业监督管理机构根据履行职责的需要，可以与受托人的主要负责人和相关人员进行监督管理谈话，要求就受托人的慈善信托活动和风险管理的重大事项作出说明。

第五十二条　除依法设立的信托公司或依法予以登记或认定的慈善组织外，任何单位和个人不得以"慈善信托"等名义开展活动。

第五十三条　行业组织应当加强行业自律，反映行业诉求，推动行业交流，提高慈善信托公信力，促进慈善信托事业发展。

第五十四条　任何单位和个人发现慈善信托违法违规行为的，可以向民政部门、银行业监督管理机构和其他有关部门进行投诉、举报。民政部门、银行业监督管理机构和其他有关部门接到投诉、举报后，应当及时调查处理。

国家鼓励公众、媒体对慈善信托活动进行监督，对慈善信托违法违规行为予以曝光，发挥舆论和社会监督作用。

第五十五条　民政部门和银行业监督管理机构应当及时向社会公开下列慈善信托信息：

（一）慈善信托备案事项；

（二）慈善信托终止事项；

（三）对慈善信托检查、评估的结果；

（四）对慈善信托受托人的行政处罚和监管措施的结果；

（五）法律法规规定应当公开的其他信息。

第五十六条　受托人应当在民政部门提供的信息平台上，发布以下慈善信息，并对信息的真实性负责。

（一）慈善信托设立情况说明；

（二）信托事务处理情况报告、财产状况报告；

（三）慈善信托变更、终止事由；

（四）备案的民政部门要求公开的其他信息。

**第五十七条**　涉及国家秘密、商业秘密、个人隐私的信息以及慈善信托的委托人不同意公开的姓名、名称、住所、通讯方式等信息，不得公开。

**第五十八条**　慈善信托的受托人应当于每年 3 月 31 日前向备案的民政部门报送慈善信托事务处理情况和慈善信托财产状况的年度报告。

## 第八章　法律责任

**第五十九条**　慈善信托的受托人有下列情形之一的，由民政部门予以警告，责令限期改正；有违法所得的，由民政部门予以没收；对直接负责的主管人员和其他直接责任人员处二万元以上二十万元以下罚款：

（一）将信托财产及其收益用于非慈善目的的；

（二）未按照规定将信托事务处理情况及财务状况向民政部门报告或者向社会公开的。

**第六十条**　信托公司违反本办法规定的，银行业监督管理机构可以根据《银行业监督管理法》等法律法规，采取相应的行政处罚和监管措施。

**第六十一条**　慈善信托的当事人违反《慈善法》有关规定，构成违反治安管理行为的，依法移送公安机关给予治安管理处罚；构成犯罪的，依法移送公安、司法机关追究刑事责任。

## 第九章　附　　则

**第六十二条**　本办法由国务院银行业监督管理机构与国务院民政部门共同负责解释。

第六十三条　此前有关慈善信托的相关规定与本办法不一致的，以本办法为准。

第六十四条　省、自治区、直辖市、计划单列市人民政府民政部门和国务院银行业监督管理机构的省一级派出机构可以按照本办法规定结合当地实际联合制定实施细则，但不得设置或变相设置限制性条件。

第六十五条　本办法自印发之日起施行。

# 慈善捐赠物资免征进口税收暂行办法

中华人民共和国财政部　海关总署　国家税务总局公告
2015 年第 102 号

　　经国务院批准，现公布《慈善捐赠物资免征进口税收暂行办法》，自 2016 年 4 月 1 日起实施。《财政部　国家税务总局　海关总署关于发布〈扶贫、慈善性捐赠物资免征进口税收暂行办法〉的通知》（财税〔2000〕152 号）同时废止。

财政部　海关总署　国家税务总局
2015 年 12 月 23 日

　　**第一条**　为促进慈善事业的健康发展，支持慈善事业发挥扶贫济困积极作用，规范对慈善事业捐赠物资的进口管理，根据《中华人民共和国公益事业捐赠法》、《中华人民共和国海关法》和《中华人民共和国进出口关税条例》等有关规定，制定本办法。

　　**第二条**　对境外捐赠人无偿向受赠人捐赠的直接用于慈善事业的物资，免征进口关税和进口环节增值税。

　　**第三条**　本办法所称慈善事业是指非营利的慈善救助等社会慈善和福利事业，包括以捐赠财产方式自愿开展的下列慈善活动：

　　（一）扶贫济困，扶助老幼病残等困难群体；

　　（二）促进教育、科学、文化、卫生、体育等事业的发展；

（三）防治污染和其他公害，保护和改善环境；

（四）符合社会公共利益的其他慈善活动。

**第四条** 本办法所称境外捐赠人是指中华人民共和国关境外的自然人、法人或者其他组织。

**第五条** 本办法所称受赠人是指：

（一）国务院有关部门和各省、自治区、直辖市人民政府。

（二）中国红十字会总会、中华全国妇女联合会、中国残疾人联合会、中华慈善总会、中国初级卫生保健基金会、中国宋庆龄基金会和中国癌症基金会。

（三）经民政部或省级民政部门登记注册且被评定为5A级的以人道救助和发展慈善事业为宗旨的社会团体或基金会。民政部或省级民政部门负责出具证明有关社会团体或基金会符合本办法规定的受赠人条件的文件。

**第六条** 本办法所称用于慈善事业的物资是指：

（一）衣服、被褥、鞋帽、帐篷、手套、睡袋、毛毯及其他生活必需用品等。

（二）食品类及饮用水（调味品、水产品、水果、饮料、烟酒等除外）。

（三）医疗类包括医疗药品、医疗器械、医疗书籍和资料。其中，对于医疗药品及医疗器械捐赠进口，按照相关部门有关规定执行。

（四）直接用于公共图书馆、公共博物馆、各类职业学校、高中、初中、小学、幼儿园教育的教学仪器、教材、图书、资料和一般学习用品。其中，教学仪器是指专用于教学的检验、观察、计量、演示用的仪器和器具；一般学习用品是指用于各类职业学校、高中、初中、小学、幼儿园教学和学生专用的文具、教具、体育用品、婴幼儿玩具、标本、模型、切片、各类学习软件、实验室用器皿和试剂、学生校服（含鞋帽）和书包等。

（五）直接用于环境保护的专用仪器。包括环保系统专用的空气质量与污染源废气监测仪器及治理设备、环境水质与污水监测仪器及治理设备、环境污染事故应急监测仪器、固体废物监测仪器及处置设备、辐射防护与电磁辐射监测仪器及设备、生态保护监测仪器及设备、噪声及振动监测仪器和实验室通用分析仪器及设备。

（六）经国务院批准的其他直接用于慈善事业的物资。

本办法所称用于慈善事业的物资不包括国家明令停止减免进口税收的特定商品以及汽车、生产性设备、生产性原材料及半成品等。捐赠物资应为未经使用的物品（其中，食品类及饮用水、医疗药品应在保质期内），在捐赠物资内不得夹带危害环境、公共卫生和社会道德及进行政治渗透等违禁物品。

**第七条** 国际和外国医疗机构在我国从事慈善和人道医疗救助活动，供免费使用的医疗药品和器械及在治疗过程中使用的消耗性的医用卫生材料比照本办法执行。

**第八条** 符合本办法规定的进口捐赠物资，由受赠人向海关申请办理减免税手续，海关按规定进行审核确认。经审核同意免税进口的捐赠物资，由海关按规定进行监管。

**第九条** 进口的捐赠物资按国家规定属于配额、特定登记和进口许可证管理的商品的，受赠人应当向有关部门申请配额、登记证明和进口许可证，海关凭证验放。

**第十条** 经审核同意免税进口的捐赠物资，依照《中华人民共和国公益事业捐赠法》第三章有关条款进行使用和管理。

**第十一条** 免税进口的捐赠物资，未经海关审核同意，不得擅自转让、抵押、质押、移作他用或者进行其他处置。如有违反，按国家有关法律、法规和海关相关管理规定处理。

第十二条 本办法由财政部会同海关总署、国家税务总局解释。

第十三条 海关总署根据本办法制定具体实施办法。

第十四条 本办法自 2016 年 4 月 1 日起施行,《财政部 国家税务总局 海关总署关于发布〈扶贫、慈善性捐赠物资免征进口税收暂行办法〉的通知》(财税〔2000〕152 号)同时废止。

# 志愿服务条例

中华人民共和国国务院令

第 685 号

《志愿服务条例》已经 2017 年 6 月 7 日国务院第 175 次常务会议通过，现予公布，自 2017 年 12 月 1 日起施行。

总理　李克强

2017 年 8 月 22 日

## 第一章　总　则

**第一条**　为了保障志愿者、志愿服务组织、志愿服务对象的合法权益，鼓励和规范志愿服务，发展志愿服务事业，培育和践行社会主义核心价值观，促进社会文明进步，制定本条例。

**第二条**　本条例适用于在中华人民共和国境内开展的志愿服务以及与志愿服务有关的活动。

本条例所称志愿服务，是指志愿者、志愿服务组织和其他组织自愿、无偿向社会或者他人提供的公益服务。

第三条　开展志愿服务，应当遵循自愿、无偿、平等、诚信、合法的原则，不得违背社会公德、损害社会公共利益和他人合法权益，不得危害国家安全。

第四条　县级以上人民政府应当将志愿服务事业纳入国民经济和社会发展规划，合理安排志愿服务所需资金，促进广覆盖、多层次、宽领域开展志愿服务。

第五条　国家和地方精神文明建设指导机构建立志愿服务工作协调机制，加强对志愿服务工作的统筹规划、协调指导、督促检查和经验推广。

国务院民政部门负责全国志愿服务行政管理工作；县级以上地方人民政府民政部门负责本行政区域内志愿服务行政管理工作。

县级以上人民政府有关部门按照各自职责，负责与志愿服务有关的工作。

工会、共产主义青年团、妇女联合会等有关人民团体和群众团体应当在各自的工作范围内做好相应的志愿服务工作。

## 第二章　志愿者和志愿服务组织

第六条　本条例所称志愿者，是指以自己的时间、知识、技能、体力等从事志愿服务的自然人。

本条例所称志愿服务组织，是指依法成立，以开展志愿服务为宗旨的非营利性组织。

第七条　志愿者可以将其身份信息、服务技能、服务时间、联系方式等个人基本信息，通过国务院民政部门指定的志愿服务信息系统自行注册，也可以通过志愿服务组织进行注册。

志愿者提供的个人基本信息应当真实、准确、完整。

第八条　志愿服务组织可以采取社会团体、社会服务机构、基金会等组织形式。志愿服务组织的登记管理按照有关法律、行政法规的规定执行。

**第九条** 志愿服务组织可以依法成立行业组织，反映行业诉求，推动行业交流，促进志愿服务事业发展。

**第十条** 在志愿服务组织中，根据中国共产党章程的规定，设立中国共产党的组织，开展党的活动。志愿服务组织应当为党组织的活动提供必要条件。

# 第三章　志愿服务活动

**第十一条** 志愿者可以参与志愿服务组织开展的志愿服务活动，也可以自行依法开展志愿服务活动。

**第十二条** 志愿服务组织可以招募志愿者开展志愿服务活动；招募时，应当说明与志愿服务有关的真实、准确、完整的信息以及在志愿服务过程中可能发生的风险。

**第十三条** 需要志愿服务的组织或者个人可以向志愿服务组织提出申请，并提供与志愿服务有关的真实、准确、完整的信息，说明在志愿服务过程中可能发生的风险。志愿服务组织应当对有关信息进行核实，并及时予以答复。

**第十四条** 志愿者、志愿服务组织、志愿服务对象可以根据需要签订协议，明确当事人的权利和义务，约定志愿服务的内容、方式、时间、地点、工作条件和安全保障措施等。

**第十五条** 志愿服务组织安排志愿者参与志愿服务活动，应当与志愿者的年龄、知识、技能和身体状况相适应，不得要求志愿者提供超出其能力的志愿服务。

**第十六条** 志愿服务组织安排志愿者参与的志愿服务活动需要专门知识、技能的，应当对志愿者开展相关培训。

开展专业志愿服务活动，应当执行国家或者行业组织制定的标准和规程。法律、行政法规对开展志愿服务活动有职业资格要求的，志愿者应当依法取得相应的资格。

第十七条　志愿服务组织应当为志愿者参与志愿服务活动提供必要条件，解决志愿者在志愿服务过程中遇到的困难，维护志愿者的合法权益。

志愿服务组织安排志愿者参与可能发生人身危险的志愿服务活动前，应当为志愿者购买相应的人身意外伤害保险。

第十八条　志愿服务组织开展志愿服务活动，可以使用志愿服务标志。

第十九条　志愿服务组织安排志愿者参与志愿服务活动，应当如实记录志愿者个人基本信息、志愿服务情况、培训情况、表彰奖励情况、评价情况等信息，按照统一的信息数据标准录入国务院民政部门指定的志愿服务信息系统，实现数据互联互通。

志愿者需要志愿服务记录证明的，志愿服务组织应当依据志愿服务记录无偿、如实出具。

记录志愿服务信息和出具志愿服务记录证明的办法，由国务院民政部门会同有关单位制定。

第二十条　志愿服务组织、志愿服务对象应当尊重志愿者的人格尊严；未经志愿者本人同意，不得公开或者泄露其有关信息。

第二十一条　志愿服务组织、志愿者应当尊重志愿服务对象人格尊严，不得侵害志愿服务对象个人隐私，不得向志愿服务对象收取或者变相收取报酬。

第二十二条　志愿者接受志愿服务组织安排参与志愿服务活动的，应当服从管理，接受必要的培训。

志愿者应当按照约定提供志愿服务。志愿者因故不能按照约定提供志愿服务的，应当及时告知志愿服务组织或者志愿服务对象。

第二十三条　国家鼓励和支持国家机关、企业事业单位、人民团体、社会组织等成立志愿服务队伍开展专业志愿服务活动，鼓励和支持具备专业知识、技能的志愿者提供专业志愿服务。

国家鼓励和支持公共服务机构招募志愿者提供志愿服务。

第二十四条　发生重大自然灾害、事故灾难和公共卫生事件等突发事件，需要迅速开展救助的，有关人民政府应当建立协调机制，提供需求信息，引导志愿服务组织和志愿者及时有序开展志愿服务活动。

志愿服务组织、志愿者开展应对突发事件的志愿服务活动，应当接受有关人民政府设立的应急指挥机构的统一指挥、协调。

第二十五条　任何组织和个人不得强行指派志愿者、志愿服务组织提供服务，不得以志愿服务名义进行营利性活动。

第二十六条　任何组织和个人发现志愿服务组织有违法行为，可以向民政部门、其他有关部门或者志愿服务行业组织投诉、举报。民政部门、其他有关部门或者志愿服务行业组织接到投诉、举报，应当及时调查处理；对无权处理的，应当告知投诉人、举报人向有权处理的部门或者行业组织投诉、举报。

# 第四章　促进措施

第二十七条　县级以上人民政府应当根据经济社会发展情况，制定促进志愿服务事业发展的政策和措施。

县级以上人民政府及其有关部门应当在各自职责范围内，为志愿服务提供指导和帮助。

第二十八条　国家鼓励企业事业单位、基层群众性自治组织和其他组织为开展志愿服务提供场所和其他便利条件。

第二十九条　学校、家庭和社会应当培养青少年的志愿服务意识和能力。

高等学校、中等职业学校可以将学生参与志愿服务活动纳入实践学分管理。

**第三十条** 各级人民政府及其有关部门可以依法通过购买服务等方式，支持志愿服务运营管理，并依照国家有关规定向社会公开购买服务的项目目录、服务标准、资金预算等相关情况。

**第三十一条** 自然人、法人和其他组织捐赠财产用于志愿服务的，依法享受税收优惠。

**第三十二条** 对在志愿服务事业发展中做出突出贡献的志愿者、志愿服务组织，由县级以上人民政府或者有关部门按照法律、法规和国家有关规定予以表彰、奖励。

国家鼓励企业和其他组织在同等条件下优先招用有良好志愿服务记录的志愿者。公务员考录、事业单位招聘可以将志愿服务情况纳入考察内容。

**第三十三条** 县级以上地方人民政府可以根据实际情况采取措施，鼓励公共服务机构等对有良好志愿服务记录的志愿者给予优待。

**第三十四条** 县级以上人民政府应当建立健全志愿服务统计和发布制度。

**第三十五条** 广播、电视、报刊、网络等媒体应当积极开展志愿服务宣传活动，传播志愿服务文化，弘扬志愿服务精神。

# 第五章　法律责任

**第三十六条** 志愿服务组织泄露志愿者有关信息、侵害志愿服务对象个人隐私的，由民政部门予以警告，责令限期改正；逾期不改正的，责令限期停止活动并进行整改；情节严重的，吊销登记证书并予以公告。

**第三十七条** 志愿服务组织、志愿者向志愿服务对象收取或者变相收取报酬的，由民政部门予以警告，责令退还收取的报酬；情节严重的，对有关组织或者个人并处所收取报酬一倍以上五倍以下的罚款。

**第三十八条** 志愿服务组织不依法记录志愿服务信息或者出具志愿服务记录证明的，由民政部门予以警告，责令限期改正；逾期不改正的，责令限期停止活动，并可以向社会和有关单位通报。

**第三十九条** 对以志愿服务名义进行营利性活动的组织和个人，由民政、工商等部门依法查处。

**第四十条** 县级以上人民政府民政部门和其他有关部门及其工作人员有下列情形之一的，由上级机关或者监察机关责令改正；依法应当给予处分的，由任免机关或者监察机关对直接负责的主管人员和其他直接责任人员给予处分：

（一）强行指派志愿者、志愿服务组织提供服务；

（二）未依法履行监督管理职责；

（三）其他滥用职权、玩忽职守、徇私舞弊的行为。

# 第六章　附　则

**第四十一条** 基层群众性自治组织、公益活动举办单位和公共服务机构开展公益活动，需要志愿者提供志愿服务的，可以与志愿服务组织合作，由志愿服务组织招募志愿者，也可以自行招募志愿者。自行招募志愿者提供志愿服务的，参照本条例关于志愿服务组织开展志愿服务活动的规定执行。

**第四十二条** 志愿服务组织以外的其他组织可以开展力所能及的志愿服务活动。

城乡社区、单位内部经基层群众性自治组织或者本单位同意成立的团体，可以在本社区、本单位内部开展志愿服务活动。

**第四十三条** 境外志愿服务组织和志愿者在境内开展志愿服务，应当遵守本条例和中华人民共和国有关法律、行政法规以及国家有关规定。

组织境内志愿者到境外开展志愿服务，在境内的有关事宜，适用本条例和中华人民共和国有关法律、行政法规以及国家有关规定；在境外开展志愿服务，应当遵守所在国家或者地区的法律。

**第四十四条** 本条例自 2017 年 12 月 1 日起施行。

# 附 录

## 学生志愿服务管理暂行办法

教育部关于印发《学生志愿服务管理暂行办法》的通知

教思政〔2015〕1 号

各省、自治区、直辖市教育厅（教委），新疆生产建设兵团教育局，部属各高等学校：

为进一步推进学生志愿服务工作科学化、规范化、制度化建设，加强对各级各类学校学生志愿服务工作的指导，现将我部制定的《学生志愿服务管理暂行办法》印发给你们，请遵照执行。

各地教育部门、各级各类学校要把贯彻落实《学生志愿服务管理暂行办法》作为加强大学生思想政治教育和未成年人思想道德建设的重要举措，紧密结合实际，制订实施办法，努力提升学生志愿服务管理水平。

教育部

2015 年 3 月 16 日

## 第一章 总 则

**第一条** 为规范学生志愿服务工作，加强学生志愿服务管理，进一步推进立德树人，提高学生社会实践能力，增强学生社会责任感，特制定本办法。

**第二条** 本办法适用于各级各类学校学生志愿服务工作。

**第三条** 学生志愿服务，是指学生不以获得报酬为目的，自愿奉献时间和智力、体力、技能等，帮助他人、服务社会的公益行为。十周岁以上的未成年学生，经其监护人同意，可以申请成为学生志愿者。未成年学生参与志愿服务，根据实际情况应当在其监护人陪同下或者经监护人同意参与志愿服务。

**第四条** 学生志愿服务要遵循自愿、公益原则。学生志愿服务内容主要包括：普及文明风尚志愿服务、送温暖献爱心志愿服务、公共秩序和赛会保障志愿服务、应急救援志愿服务以及面向特殊群体的志愿服务等。学生志愿者在志愿服务过程中要弘扬"奉献、友爱、互助、进步"的志愿精神。

## 第二章 工作机构

**第五条** 县级以上教育部门协调本级共青团组织明确专门机构，负责本行政区域内学生志愿服务的领导、统筹、协调、考核工作。

**第六条** 学校有关部门负责指导、协调本校团组织、少先队组织抓好学生志愿服务的具体组织、实施、考核评估等工作。

## 第三章 组织实施

**第七条** 学生志愿服务组织方式包括学校组织开展、学生自行开展两类。中小学生以学校组织开展为主，高校学生可由学校组织开展，鼓励学生自行开展。未成年学生自行开展志愿服务，遵照第一章第三条规定实施。

**第八条** 学校组织学生参加志愿服务，应充分尊重学生的自主意愿，按照公开招募、自愿报名（未成年人需经监护人书面同意）、择优录取、定岗服务的方式展开，切实做好相关指导、培训和风险防控工作。学校应结合实际，制订学生志愿服务计划，有计划、有步骤地组织学生参加志愿服务。

**第九条** 高校应给予自行开展志愿服务的学生全面支持，扶持志愿服务类学生社团建设，并将志愿服务纳入实践学分管理。

**第十条** 学生志愿服务程序

（一）学生志愿服务负责人向学校工作机构提交志愿服务计划等材料；

（二）学校工作机构进行登记备案，包括进行风险评估、提供物质保障、技能培训等；

（三）学生开展志愿服务活动；

（四）学校工作机构按照规定程序对学生志愿服务进行认定记录。

有条件的学校应实行学生志愿服务网上登记备案、认定记录。

**第十一条** 学校应安排团委、少先队辅导员等教职员工担任志愿服务负责人，具体负责学生志愿服务的组织、记录、保障工作。

**第十二条** 学生参加志愿服务，学校、学生志愿者、服务对象应签订服务协议书，明确服务内容、时间和有关权利、义务。

**第十三条** 学校组织开展志愿服务，应切实做好风险防控，加强学生安全教育、管理和保护，必要时要为学生购买或者要求服务对象购买相关保险。学生自行开展志愿服务，学校应要求学生做好风险防控，必要时购买保险。

## 第四章　认定记录

**第十四条** 学校负责做好学生志愿服务认定记录，建立学生志愿服务记录档案。

（一）学校组织开展的志愿服务，由负责人、服务对象提供服务时间、服务内容等证明，学校工作机构予以认定记录。

（二）学生自行开展的志愿服务，由学生本人、服务对象提供服务时间、服务内容等证明，学校工作机构经过审核予以认定记录。

（三）学校应结合本校实际，制订志愿服务档案记录办法，完善记录程序，严格过程监督，确保学生志愿服务档案记录清晰，准确无误。

**第十五条**　学生志愿服务记录档案，应记载学生志愿者的个人基本信息、志愿服务信息、培训信息、表彰奖励信息等内容。

（一）个人基本信息应包括姓名、性别、出生年月、身份证号、服务技能、联系方式等。

（二）志愿服务信息应包括学生志愿者参加志愿服务活动的日期、地点、服务对象、服务内容、服务时间与次数、活动负责人等。

（三）培训信息应包括学生志愿者参加志愿服务有关知识和技能培训的内容、组织者、日期、地点、学时等。

（四）学生志愿者因志愿服务表现突出、获得表彰奖励的，学校应及时予以记录。

**第十六条**　学生在本学段的志愿服务记录应如实完整归入学生综合素质档案。教育部门分级逐步建立学生志愿服务记录档案信息管理系统，实现学生志愿服务记录信息化管理。

**第十七条**　在大学学段实行学生志愿者星级认证制度。学校根据学生志愿者参加志愿服务的时间累计，认定其为一至五星志愿者。自大学学段以来参加志愿服务时间累计达到100、300、600、1000、1500小时的，分别认定为一至五星志愿者。

**第十八条** 学生在志愿服务认定记录中弄虚作假的，由所在学校批评教育，给予相应处理，并予通报。学校及其工作人员在学生志愿服务认定记录中弄虚作假的，由教育主管部门严肃处理，并予通报。

## 第五章 教育培训

**第十九条** 地方教育部门应完善各学段志愿服务教育体系，系统开展志愿理念、志愿精神、志愿服务基本要求和知识技能、志愿者权利和义务、志愿服务安全知识等基础教育。

**第二十条** 高校应建立健全学生志愿者骨干专业化培训体系，提高学生志愿者骨干参加专业化志愿服务的素质和能力。对于应急救援、特殊群体等专业性要求高的志愿服务，未经专业化培训合格不得参加。

**第二十一条** 学校应在基础教育、专业化培训基础上，根据志愿服务活动实际需要有针对性地组织开展临时性培训。

## 第六章 条件保障

**第二十二条** 地方和学校应设立学生志愿服务工作专项经费，纳入学校预算管理，专项用于志愿服务组织实施、认定记录、认证表彰、教育培训以及根据需要为学生参加志愿服务购买保险、提供物质保障等。专项经费的使用和管理要公开透明，专款专用，提高使用效益，并接受学校监督。

**第二十三条** 地方教育部门应制订各级各类学校学生志愿服务工作综合考评办法，每年定期组织进行检查考核，并且纳入大学生思想政治教育和未成年人思想道德建设工作评估体系。

**第二十四条** 地方教育部门应积极协调本地新闻媒体，传播志愿理念，弘扬志愿精神，普及志愿服务知识，大力宣传志愿服务先进学校、先进学生。学校应积极开展学生志愿服务先进典型宣传。

## 第七章 附 则

**第二十五条** 地方教育部门应根据本办法，结合实际制订相关实施细则并报教育部备案，各级各类学校应根据本办法，结合实际制订相关实施细则并报相应教育部门备案。

**第二十六条** 本办法自发布之日起施行。

# 志愿服务记录办法

民政部关于印发《志愿服务记录办法》的通知

民函〔2012〕340号

各省、自治区、直辖市民政厅（局），新疆生产建设兵团民政局：

为加快建立志愿服务记录制度，推动志愿服务健康有序发展，现将《志愿服务记录办法》印发你们，请遵照执行。

民政部

2012年10月23日

**第一条** 为了促进和规范志愿服务记录工作，维护志愿者和志愿服务对象的合法权益，推动志愿服务健康有序发展，制定本办法。

**第二条** 本办法所称志愿服务记录，是指依法成立的志愿者组织、公益慈善类组织和社会服务机构以纸质材料和电子数据等载体记录志愿者参加志愿服务的信息。

志愿服务是指不以获得报酬为目的，自愿奉献时间和智力、体力、技能等，帮助他人、服务社会的公益行为。

**第三条** 志愿服务记录遵循及时、完整、准确、安全原则，任何单位和个人不得用于商业交易或者营利活动，也不得侵犯志愿者个人隐私。

**第四条** 志愿者组织、公益慈善类组织和社会服务机构应当安排专门人员对志愿服务记录进行确认、录入、储存、更新和保护，并接受登记管理机关或者业务主管部门对志愿服务记录工作的监督管理。

**第五条** 志愿服务记录应当记载志愿者的个人基本信息、志愿服务信息、培训信息、表彰奖励信息、被投诉信息等内容。

**第六条** 志愿者个人基本信息应当包括姓名、性别、出生年月、身份证号、服务技能、联系方式等。

需要增加志愿者其他个人信息的，必须征得志愿者本人同意。

**第七条** 志愿服务信息应当包括志愿者参加志愿服务活动（项目）的名称、日期、地点、服务对象、服务内容、服务时间、服务质量评价、活动（项目）负责人、记录人等。

**第八条** 志愿服务时间是指志愿者实际提供志愿服务的时间，以小时为计量单位，不包括往返交通时间。

志愿者组织、公益慈善类组织和社会服务机构应当对志愿者所提供的志愿服务时间进行核实和累计。

**第九条** 志愿服务活动（项目）结束后，志愿者组织、公益慈善类组织和社会服务机构应当对志愿者所承担工作的完成状况和服务对象的满意程度进行综合评价。

**第十条** 培训信息应当包括志愿者参加志愿服务有关知识和服务技能培训的内容、组织者、日期、地点、学时等。

**第十一条** 志愿者因志愿服务表现突出、获得表彰奖励的，志愿者组织、公益慈善类组织和社会服务机构应当及时予以记录。

**第十二条** 志愿者在志愿服务中被服务对象投诉、经核查属实的，志愿者组织、公益慈善类组织和社会服务机构应当予以记录。

**第十三条** 志愿者组织、公益慈善类组织和社会服务机构应当向志愿服务活动（项目）负责人、志愿者、志愿服务对象及时采集志愿服务信息。

第十四条　志愿者组织、公益慈善类组织和社会服务机构将志愿服务信息记入志愿服务记录前，应当在本组织或机构内进行公示，接受社会监督。公示时间不得少于 3 个工作日，公示期满无异议的，记入志愿服务记录。

第十五条　志愿服务记录应当长期妥善保存。未经志愿者本人同意，不得公开或者向第三方提供志愿服务记录。

志愿者组织、公益慈善类组织和社会服务机构应当利用民政部志愿者队伍建设信息系统以及其他网络平台，实现志愿服务记录的网上录入、查询、转移和共享。

第十六条　经志愿者本人同意，志愿服务记录可以在其加入的志愿者组织、公益慈善类组织和社会服务机构之间进行转移和共享。

志愿者组织、公益慈善类组织和社会服务机构应当对接收的志愿服务记录进行核实，并妥善保管。

第十七条　志愿者需要查询本人志愿服务记录或者因升学、入伍、就业等原因需要出具本人参加志愿服务证明的，志愿者组织、公益慈善类组织和社会服务机构应当及时如实提供。

志愿服务证明应当载明当事人的志愿者身份、志愿服务时间和内容。

第十八条　志愿者组织、公益慈善类组织和社会服务机构应当将志愿服务记录情况报送县级以上人民政府民政部门。

县级以上人民政府民政部门可以委托具有相应资质的组织或者机构对志愿服务记录进行管理，并将相关信息及时向社会发布。

第十九条　志愿者组织、公益慈善类组织和社会服务机构应当将志愿服务记录与志愿者的使用、培训、评价、保障、奖励挂钩。

第二十条　志愿者组织、公益慈善类组织和社会服务机构在招募志愿者时，应当优先聘用有良好志愿服务记录的志愿者，并根据志愿服务记录情况安排志愿者参加所需要的培训。

**第二十一条** 志愿者组织、公益慈善类组织和社会服务机构应当建立以服务时间和服务质量为主要内容的志愿者星级评定制度，对获得相应星级的志愿者予以标识，并推荐参加相关评选和表彰。

志愿服务记录时间累计达到 100 小时、300 小时、600 小时、1000 小时和 1500 小时的志愿者，可以依次申请评定为一星级、二星级、三星级、四星级、五星级志愿者。

**第二十二条** 鼓励志愿者组织、公益慈善类组织和社会服务机构依托志愿服务记录，建立健全志愿服务时间储蓄制度，使志愿者可以在自己积累的志愿服务时数内得到他人的无偿服务。

**第二十三条** 鼓励有关部门、社会组织和企事业单位对有良好志愿服务记录、表现优异的志愿者进行表彰奖励。

**第二十四条** 鼓励有关单位在招生、招聘时，同等条件下优先录用、聘用和录取有良好志愿服务记录的志愿者。

**第二十五条** 鼓励博物馆、公共图书馆、体育场馆等公共文化体育设施和公园、旅游景点等场所，对有良好志愿服务记录的志愿者免费或者优惠开放。

**第二十六条** 鼓励城市公共交通对有良好志愿服务记录的志愿者给予票价减免优待。

**第二十七条** 鼓励商业机构对有良好志愿服务记录的志愿者提供优先、优惠服务。

**第二十八条** 志愿者组织、公益慈善类组织和社会服务机构及其工作人员在志愿服务记录工作中弄虚作假的，由主管部门责令改正，并予以通报。

**第二十九条** 本办法自发布之日起施行。